De burger
de baas

De burger de baas

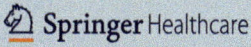
Houten 2016

© 2016 Springer Healthcare, onderdeel van Springer Nature

Alle rechten voorbehouden. Niets uit deze uitgave mag worden verveelvoudigd, opgeslagen in een geautomatiseerd gegevensbestand, of openbaar gemaakt, in enige vorm of op enige wijze, hetzij elektronisch, mechanisch, door fotokopieën, opnamen, of enig andere manier, zonder voorafgaande schriftelijke toestemming van de uitgever. Voor zover het maken van kopieën uit deze uitgave is toegestaan op grond van artikel 16b Auteurswet 1912 j° het Besluit van 20 juni 1974, Stb. 351, zoals gewijzigd bij Besluit van 23 augustus 1985, Stb. 471 en artikel 17 Auteurswet 1912, dient men de daarvoor wettelijk verschuldigde vergoedingen te voldoen aan de Stichting Reprorecht (Postbus 3051, 2130 KB Hoofddorp). Voor het overnemen van (een) gedeelte(n) uit deze uitgave in bloemlezingen, readers en andere compilatiewerken (artikel 16 Auteurswet 1912) dient men zich tot de uitgeverte wenden.

Boekvormgeving: Designworks, Breda
Eindredactie: Maaike Zweers

Met dank aan Zorgbelang Nederland, Edwin Brugman, André Esch, Armand Girbes en Henk van Vliet

ISBN 978-90-368-1691-5

Springer Healthcare
Het Spoor 2
Postbus 340
3990 GC Houten
www.springerhealthcare.nl

Inhoudsopgave

Inleiding 7

1 Dit heeft u te vertellen 21
Paul Lohman: 'Bemoei je met je eigen herstel' 36

2 Daarom zijn er regels 41
Chris Oomen: 'De burger moet een podium krijgen' 60

3 Het ziekenhuis is van niemand 63
Ronald van den Boogaardt: 'Wat kan ik er zelf aan doen?' 79

4 Ondergeschoven kind langdurige zorg 83
Caren Kunst-de Wit: 'Ik heb andere keuzes gemaakt' 92

5 Dit kost het 97
Michel van Schaik: 'Betrek de patiënt bij innovatieve oplossingen' 118

6 Waar voor uw geld 123
Frank Meijer: 'Als ouders moet je oplettend zijn' 136

7 Het eeuwige leven bestaat niet 139
Kim Putters: 'De burger is geen mede-eigenaar meer' 149

8 Dit zit er straks voor u in   155

9 Tot slot: aanbevelingen en tips   175

Over de auteurs   179

Zakenregister   180

Personenregister   183

Inleiding

Ziek zijn is niet leuk. Ziek zijn is voor iedereen anders. Hoe het voelt om ziek te zijn, verschilt bovendien van mens tot mens. De één vergaat van de pijn, maar laat niets merken. Die heeft een hoge pijngrens. De ander begint meteen te piepen zodra de dokter naar hem wijst.
U kent vast wel de verjaardagsfeestjes waar stevig wordt gemopperd op die ene arrogante specialist, dat beroerde ziekenhuis en het ingewikkelde zorgsysteem waar niemand iets van snapt.
Soms zijn deze zorgen terecht, bijvoorbeeld als iemand verkeerd is behandeld. Of als vader op een zaterdagmiddag rond één uur verward wordt aangetroffen naast zijn vervuilde bed in het verpleeghuis en er niemand is langsgekomen om naar hem te kijken.

Toch is dit geen boek met jammerverhalen over alles wat er misgaat. En ook geen boek met uitgebreide aandacht voor medische missers of nuttige adviezen hoe u moet afvallen om langer te leven. U krijgt geen tips om gezond te koken, meer te bewegen, beter op uw koolhydraten te letten of na het opstaan vaker een glas lauw water te drinken. Met dat soort boeken liggen de boekwinkels vol.

De burger is aan zet

Dit is een boek over de gezondheidszorg in Nederland. Nee, niet over wat de dokters allemaal voor u kunnen doen of laten. Waar gaat het dan over?

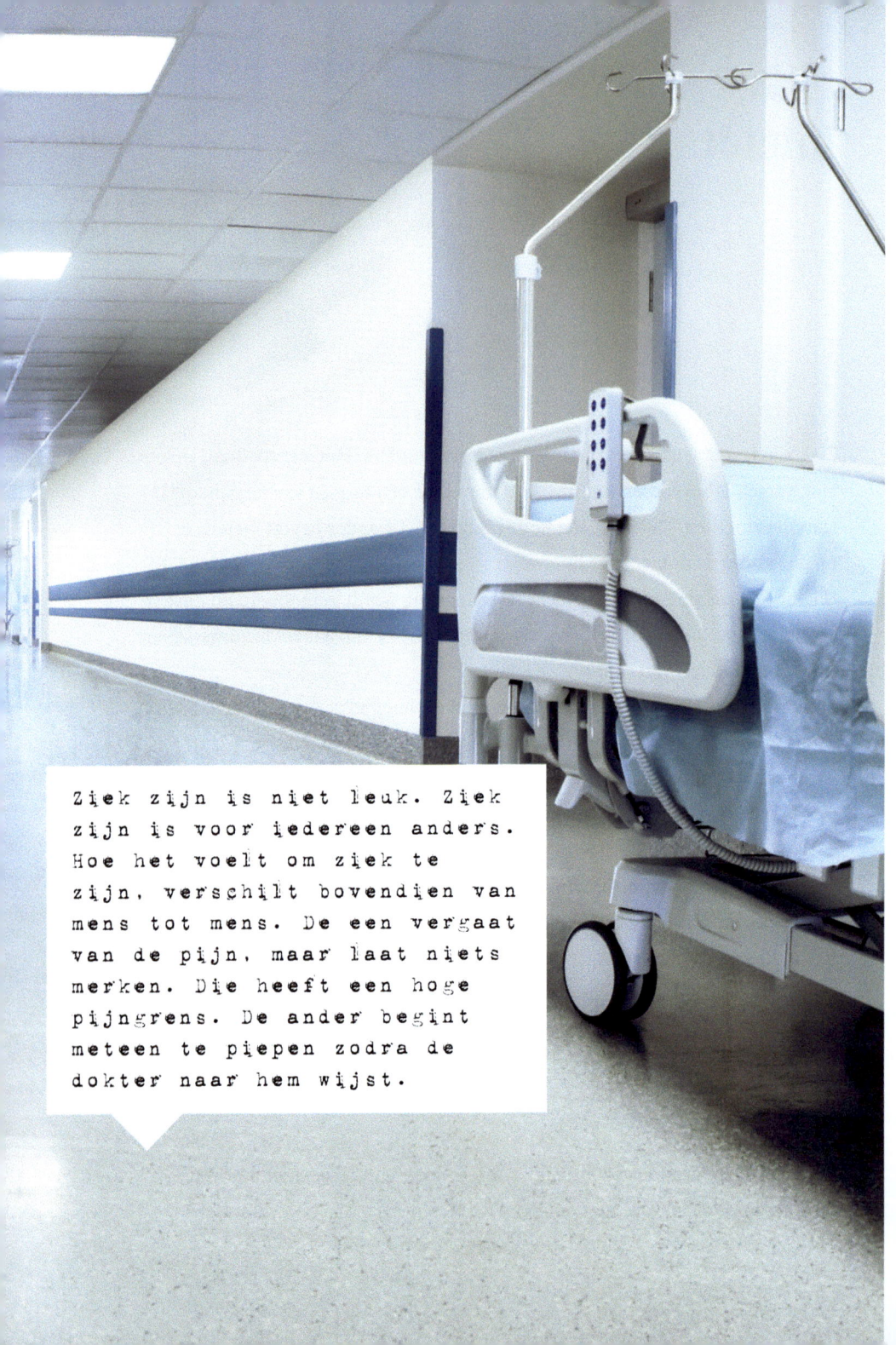

Ziek zijn is niet leuk. Ziek zijn is voor iedereen anders. Hoe het voelt om ziek te zijn, verschilt bovendien van mens tot mens. De een vergaat van de pijn, maar laat niets merken. Die heeft een hoge pijngrens. De ander begint meteen te piepen zodra de dokter naar hem wijst.

Dit boek gaat over de vraag wat u in die gezondheidszorg te vertellen heeft. Als patiënt, maar altijd als betalende burger. Want wie is er de baas in de zorg? U. Als u de baas bent, bent u ook aan zet. Dat wil zeggen: burgers als u en wij. Burgers die nog geen patiënt zijn, maar die dat kunnen worden. Om het directer te zeggen: in de gezondheidszorg gaat het om uw geld. Wilt u dat dit ondoordacht en soms onverantwoord wordt uitgegeven? Nee.

Wie de zaken in de zorg meer naar zijn of haar hand wil zetten, heeft kennis en inzicht nodig. Kennis van het reilen en zeilen van de gezondheidszorg. Kennis van de keuzes die moeten worden gemaakt. Nu maken anderen die keuzes voor u. Kennis is macht. Kennis maakt weerbaar. Om dit te verwezenlijken, dient er kennis te worden omgezet in daden. Wij willen daarvoor de munitie verschaffen, want dit boek wil eraan bijdragen dat de macht van de burger in de gezondheidszorg toeneemt. Daarnaast maken wij ons er sterk voor dat de burger beter weet wat keuzevrijheid is.

Dit kan niet los worden gezien van de politiek-maatschappelijke context. De burger is onrustig en zoekt naar nieuwe vormen van invloed. Hij wil meebeslissen over belangrijke publieke goederen, zoals de gezondheidszorg. Maar op basis waarvan?

De opvattingen over de rol en de macht van die burger in de samenleving veranderen snel. Is de burger mondig, brutaal of nog steeds onmondig? Daarover dient te worden nagedacht. Uiteraard komt dit thema uitgebreid aan de orde. Opdat burgers met meer moed, verantwoordelijkheid en kennis van zaken hun positie opeisen.

Gezondheid is het belangrijkste

Vraag Nederlanders wat zij het belangrijkste vinden, dan antwoordt een ruime meerderheid van de mensen: mijn gezondheid. Dit blijkt onder meer uit *Nederlanders aan het woord over gezondheid en gezond leven*, een rapport uit 2011 van het Rijksinstituut voor Volksgezondheid en Milieu (RIVM) en het Sociaal en Cultureel Planbureau (SCP).

In werkelijkheid is lang niet iedereen gezond. Want zelfs de sterkste burgers en de beroemdste wetenschappers kunnen ziek worden of zich ziek voelen. Dan zijn ook zij opeens patiënt, met alles wat daarbij hoort.

Ziek zijn betekent meestal dat iemand zich geestelijk of fysiek niet goed voelt. Maar ook dat een burger afhankelijk wordt van het medische circuit. Tegelijkertijd ervaart meer dan 90 procent van de Nederlanders de gezondheidszorg als 'goed'. Dat blijkt uit *Zeg nou zelf! Wat zeggen burgers over de gezondheidszorg?*, een ander rapport van het Sociaal en Cultureel Planbureau. Dit representatieve bevolkingsonderzoek uit 2013 geeft aan dat 84 procent van de bevolking tevreden is met de kwaliteit van de medische zorg die de huisarts en de specialist verlenen.

Een minpunt is, aldus dit rapport, dat slechts een derde van de ondervraagden tevreden is met de langdurige zorg die wordt verleend in verpleeghuizen en de thuiszorg. Begrijpelijk, want elke patiënt heeft zijn verhaal en zit vol eigen ervaringen. Dat verhaal verdient aandacht en respect. Respect dat soms ontbreekt in de zorg. Denk aan de oude vrouw in het verpleeghuis die in haar rolstoel telkens 'zuster, zuster' roept omdat zij Alzheimer heeft, terwijl iedereen haar negeert.

Maar wat is gezondheid eigenlijk?

Volgens arts-onderzoeker Machteld Huber van het Louis Bolk Instituut is gezondheid 'het vermogen van mensen zich aan te passen en een eigen regie te voeren, in het licht van fysieke, emotionele en sociale uitdagingen in het leven'. Huber spreekt in dit verband over 'positieve gezondheid'.

In *Medisch Contact* legt zij uit dat gezondheid daarmee een dynamisch begrip wordt. "Als je een slechte diagnose krijgt, ga je eerst onderuit en heb je zorg nodig. Maar wordt de aandoening chronisch, dan krabbel je vaak weer op. De vraag is dan: ga je je invalide voelen, of pas je je aan en leef je je leven verder zonder dat de ziekte overheerst? Dan blijkt er naast die ziekte nog een enorm potentieel aan gezondheid te zijn. Dat kun je versterken, waardoor je steeds minder last van die ziekte hebt.". Tenslotte is mindervalide nog niet invalide. Volgens het SCP staat de gezondheids- en ouderenzorg op de derde plaats in de top 5 van maatschappelijke problemen. Twee derde van de Nederlanders, zo blijkt, wil dat de overheid meer geld uittrekt voor de gezondheidszorg. Extra bezuinigingen zijn uit den boze; er is al te veel ingeleverd, is de gedachte. Niet iedereen blijkt dus even positief te zijn over de gezondheidszorg. Een grote groep Nederlanders heeft bijvoorbeeld weinig vertrouwen in de zorgverzekeraars. Dat staat in een opvallend onderzoek van de Autoriteit Consument & Markt (ACM) uit 2015. In 2014 wantrouwde een derde van de burgers de zorgverzekeraars, in 2015 was twee vijfde van de ondervraagden ontevreden over de zorgverzekeraars (40 procent).

Ook hulpverleners en artsen hebben weinig vertrouwen in de zorgverzekeraars. Ze hebben evenmin fiducie in het beleid dat de overheid voert. Een groep van 500 bezorgde huisartsen weigerde in 2015 een contract te tekenen met een grote zorgverzekeraar, het manifest *Het Roer Moet Om* werd door bijna 8.000 huisartsen en ruim 18.000 sympathisanten ondertekend.

Wat betekent gezondheidszorg?

Maar wat betekent nou gezondheidszorg? Het Nationaal Kompas Volksgezondheid maakt een onderverdeling tussen gezondheidszorg en gezondheidszorgstelsel. Gezondheidszorg is het 'primaire proces' van de zorgverlening. In gewoon Nederlands betekent dit de zorg die huisartsen, verzorgenden, verplegenden, fysiotherapeuten, tandartsen en specialisten leveren.
Wie werkt, krijgt daar meestal voor betaald. En wie in de zorg werkt, is meestal gedreven en gepassioneerd. Die is dag in dag uit met hart en ziel bereid professionele hulp te verlenen in ziekenhuizen, gezondheidscentra, in verpleeghuizen of als medewerker in de thuiszorg. Al die hulpverleners moeten worden betaald. Om hun vak optimaal te kunnen uitoefenen, dienen zij bovendien aan allerlei ingewikkelde regels van het zorgstelsel te voldoen.

Nederlanders vinden met zijn allen dat er in dit land een goede gezondheidszorg moet bestaan die voor iedereen toegankelijk en betaalbaar is. Prima, maar dat gaat niet vanzelf. Daarom omvat het zorgstelsel naast de zorgverlening, de handen aan het bed, ook andere activiteiten. Dat zijn de groepen, partijen en belangenbehartigers die ervoor zorgen dat de gewenste toegankelijke en betaalbare zorg van goede kwaliteit daadwerkelijk wordt geleverd. Neem de beroepsgroepen van artsen en verpleegkundigen, de opleidingen, de toezichthouders die de kwaliteit, de toegankelijkheid en de betaalbaarheid bewaken, de zorgverzekeraars, enzovoorts.

Regelgeving is de machinerie

In het zorgstelsel is regelgeving de machinerie die de zorg doet draaien. Regelgeving is nodig om de kwaliteit te toetsen en te verbeteren. Als iemand zorg nodig heeft, leidt regelgeving ertoe dat die zorg aanwezig, bereikbaar en betaalbaar is. Dit betekent dat iedereen de zorg krijgt die nodig is, ongeacht inkomen en ziekterisico. Maar hoe efficiënt en effectief is de machine van de regelgeving? Hoe komt regelgeving tot stand, wie heeft er invloed op, wie bepaalt en wie bestuurt deze machine?

De kunst is om in de machinekamer van de regelgeving te komen, het machtscentrum van de zorg. Daar wordt beslist of een ziekenhuis fuseert, met een andere zorginstelling gaat samenwerken of dicht moet. Daar wordt bepaald wat er in het basispakket van uw zorgverzekering komt, welke dure medicijnen er worden vergoed en of het persoonsgebonden budget wordt uitbetaald. Maar is er wel één machinekamer? Heeft de burger daar iets te zeggen? Of is er sprake van elkaar soms hinderende machinekamers die allemaal tegelijk iets anders doen? Elke burger kan patiënt worden. Op dat moment heeft die weinig meer te vertellen over een behandeling, laat staan over de achterliggende machinerie of machinerieën. In hoeverre is de burger dan nog de baas in de zorg?

Kloof tussen betalers en bepalers

Kort samengevat zijn Nederlanders tevreden over de kwaliteit van de zorg, maar ontevreden over het beleid van de overheid en de zorgverzekeraars. Dat is verontrustend. Het duidt op een toenemende verwijdering tussen de betalers en de bepalers.

Aan de ene kant staan de mensen die de zorg betalen, de burgers, en de mensen die de zorg gebruiken, de patiënten. Aan de andere kant staan de bepalers: de overheid en de zorgverzekeraars. Zij leggen vast welke zorg tegen welke prijs waar wordt geleverd. Zij bezetten de machinekamer van de regelgeving. De dokters, de feitelijke deskundigen, zitten klem tussen beide partijen. Zij doen het echte werk. Zij zijn de stootbumpers van de zorg.

Zowel burgers die onverhoopt patiënt worden als medici voelen zich in toenemende mate machteloos. Of ze zijn boos. Dat hoort bij de tijdgeest, kunt u denken. Maar burgers zijn ook mondig. Zij hebben een verstand, een mond en toegang tot internet. Dr Google is hun handlanger, die geeft ze gratis informatie waardoor ze vaak meer lijken te weten van hun kwaal dan de huisarts. Intussen leidt de tegenstelling tussen wat overheid en zorgverzekeraars willen tot spanningen met wat burgers en hulpverleners ervaren. Dat kan niet in het belang zijn van de patiënt.

De patiënt beslist mee

Niet eens zo lang geleden was het de gewoonste zaak van de wereld dat een patiënt zich moest overleveren aan de hulpverleners. Zij, de dokters en verpleegkundigen, bepaalden of en hoe patiënten werden geïnformeerd over hun ziekte. Dat zuiver paternalistische model is gelukkig veranderd. Patiënten weten steeds meer over ziekten en het ziekteverloop. Het wordt gewoner dat de patiënt meebeslist. *Shared decision making* heet dat op zijn Amerikaans.

Neem de manier waarop de behandeling van Parkinson in het UMC St Radboud onder leiding van Bas Bloem, hoogleraar neurologische bewegingsstoornissen, is gedemocratiseerd.

Zorgvernieuwer Bloem is oprichter van het Parkinson Centrum Nijmegen (ParC), het specialistische netwerk ParkinsonNet en de community MijnZorgNet. Hij wil patiënten een actievere rol geven in hun eigen zorg en samenwerking in de gezondheidszorg stimuleren. Dat noemt hij *participatory health*: patiënten worden uitgenodigd om mee te denken, mee te praten en ook mee te beslissen. Die kant moet het op.

Zelf deelnemen en meebeslissen betekent dat de patiënt goed geïnformeerd wordt. Toch willen niet alle patiënten per se meebeslissen. Ook zijn er patiënten die niet meer wilsbekwaam zijn om mee te beslissen. Daar gaat dit boek eveneens over. Wat mag een patiënt verwachten en in een aantal gevallen eisen?

In de gezondheidszorg spelen ethische vraagstukken. Want er zijn grenzen aan de zorg. Moet alles wel wat kan? En wat betekent wel of niet behandelen voor de kwaliteit van leven? Een dure operatie hoort niet in alle gevallen te volgen als de patiënt naar alle waarschijnlijkheid slechts een paar maanden te leven heeft. Evenmin hoeven er altijd peperdure medicijnen te worden toegediend zolang niet voldoende overtuigend is aangetoond dat deze medicijnen effectief zijn of als ze het leven slechts met enkele weken kunnen verlengen.

Eigen schuld, dikke bult?

Een andere vraag is of de zorgverzekering moet opdraaien voor de kosten van de jeugdige comazuiper die op de spoedeisende hulp belandt. Burgers denken daar wisselend over. De meeste Nederlanders willen niet dat er grenzen worden gesteld aan de kosten die een goede zorgverlening met zich meebrengt. Maar de meeste Nederlanders willen ook dat die comazuiper zelf zijn zorg betaalt: 'Eigen schuld, dikke bult.' Uiteindelijk is gezondheidszorg emotie. Het gaat over lijden, leven en dood. Het is lastig om te midden van al die emoties een zakelijke afweging te maken.

Gezondheidszorg is bedoeld om de kwaliteit van het leven te bevorderen en langer leven mogelijk te maken. Dat roept de vraag op wat kwaliteit is. Hoe meet je die? Wetenschappers hebben dat uitgezocht. Ze hebben de kwaliteit van leven in getallen uitgedrukt. Er is ook nagedacht over wat kwaliteitsverbetering in geld waard is. De terminologie daarvoor is QALY's. De toenmalige Raad voor de Volksgezondheid & Zorg (RVZ) waagde zich er in 2006 in het rapport *Zinnige en duurzame zorg* aan een bedrag te verbinden aan de QALY's. De raad kwam uit op maximaal 80.000 euro per gewonnen levensjaar met voldoende kwaliteit van leven.

Het advies van de RVZ leidde tot verhitte discussies. Daarna viel het betrekkelijk stil. Inmiddels is deze vraag weer actueel vanwege de hoge kosten van dure medicijnen. De hamvraag is wie er bepaalt of een behandeling niet meer vergoed wordt: de medisch specialist, de politiek of toch de zorgverzekeraar? Wie rijk is, kan zo'n behandeling misschien zelf betalen. Wie arm is niet. Wij gaan op dat vraagstuk in.

Er speelt nog iets. In het geval van de comazuiper die op de eerste hulp ligt, is de discussie over de waarde van een mensenleven niet aan de orde. Een jongere die wordt geholpen, leeft gemiddeld nog vele jaren in hopelijk goede gezondheid. Daar speelt de vraag 'eigen schuld, dikke bult': kwestie van leefstijl. Maar geldt dat ook als een dronken automobilist tegen een boom rijdt of de wintersporter een been breekt? En wat moet er gebeuren met de roker, de veel te dikke burger met een hartkwaal of de diabeet die zich onvoldoende aan de voorschriften houdt en daardoor eerder en meer complicaties krijgt?

Niet elke roker krijgt longkanker. Maar wie veertig jaar lang een pakje per dag heeft gerookt, heeft twintig keer zoveel kans op langkanker als iemand die nooit heeft gerookt. Omgekeerd heeft zo'n 10 procent van de mensen met longkanker nooit een sigaret opgestoken. Roken is een ziekte-verslaving. Rokers zijn wel weer goedkoop voor de maatschappij. Ze betalen veel belasting op hun pakje sigaretten, gaan vaak eerder dood en genieten daardoor minder lang van hun pensioen.

Los van de schuldvraag, waar ligt de grens? Moet de wintersporter zelf zijn behandeling betalen? En de voetballer die op zaterdag zijn enkel beschadigt?

Eigen verantwoordelijkheid

Uiteindelijk draait het in de gezondheidszorg steeds meer om de eigen verantwoordelijkheid en de eigen regie. Wat doet iemand om zo lang mogelijk gezond te blijven? Hoe maakbaar is de eigen gezondheid? Over preventie is het een en ander bekend. Over de mogelijke gevolgen van roken en te veel eten bestaat geen meningsverschil meer. Voor veel andere ziekten geldt dat niet.
Wat op het ene moment goed is voor de gezondheid, blijkt op basis van andere studies juist slecht te zijn. Zelfs vaccinaties roepen weerstand op, getuige de door een diëtiste aangewakkerde discussie om baarmoederhalskanker te voorkomen.
Eén ding is duidelijk: het menselijk lichaam steekt ingewikkeld in elkaar. Het is ook zeker dat het eeuwige leven niet bestaat. Gezondheidszorg is niet neutraal. Cultuurverschillen spelen een rol, de behandeling van ziekten is per land soms anders. Neem de terughoudendheid van Nederlandse huisartsen om antibiotica en andere medicijnen voor te schrijven. Of de Nederlandse cultuur van thuis bevallen die niet bepaald onomstreden is. Wie van buiten Nederland komt, beklaagt zich er bovendien snel over dat een patiënt niet automatisch bij de specialist terechtkomt.
In elke samenleving wordt er verschillend gedacht over wat al dan niet geoorloofd is. Denk aan de opvattingen over euthanasie en abortus. Een goed voorbeeld zijn de discussies over de pil van Drion of de Levenseindekliniek in Den Haag. Dit is een organisatie voor mensen met een stervenswens conform de zorgvuldigheidseisen van de euthanasiewet die van hun eigen arts geen euthanasie of hulp bij zelfdoding krijgen.
De gezondheidszorg staat voor nieuwe uitdagingen. Er kan steeds meer. Maar waar ligt de grens bij de toepassing van nieuwe technieken? Neem genetische modificatie, stamcellen of de ontwikkeling van op de persoon toegesneden medicijnen die mede mogelijk is geworden dankzij de inzet van nanotechnologie. Daar moet een antwoord op worden gevonden.

Samenwerking leidt tot betere kwaliteit

Gezondheidszorg kost geld. In Nederland is dat bijna 100 miljard euro per jaar. De vraag is waar al dat geld aan wordt besteed, of het efficiënter kan en beter. Daarom is samenwerking tussen hulpverleners en zorgorganisaties van groot belang. In de eerste plaats vanwege de kwaliteit van de zorgverlening. Momenteel wordt er te veel langs elkaar heen gewerkt. Medisch specialisten informeren huisartsen niet altijd afdoende over de patiënt, behandelingen zijn niet op elkaar afgestemd. Bovendien kan de informatie over de geneesmiddelen die iemand gebruikt, de medicatieoverdracht, sterk worden verbeterd. Als er onvoldoende wordt samengewerkt, heeft dat onherroepelijk invloed op de kosten. Dubbele kosten worden vermeden zodra er slimmer wordt samengewerkt tussen ziekenhuizen en de eerste lijn, daar werken onder andere de huisartsen.

Medisch specialisten en verpleegkundigen beklagen zich er vaak terecht over dat ze niet weten wie ze in de eerste lijn moeten benaderen. Dat komt doordat de gezondheidszorg een sector is vol koninkrijkjes en baronnen.

Omgekeerd beklagen huisartsen zich erover dat allerlei diagnostiek die al in hun praktijk heeft plaatsgevonden in het ziekenhuis wordt overgedaan. Sinds jaar en dag wordt er geprobeerd de organisatie van de zorg beter te stroomlijnen. Tot nu toe met weinig succes. Het is de hoogste tijd dat de betalende burger meer samenhang afdwingt. Want goede zorg bestaat niet slechts bij de gratie van regels, van protocollen en systemen.

Goede zorg vereist vooral inlevingsvermogen, aandacht en interesse van de zorgverlener. Dus vooral compassie. De burger wil dat er naar hem wordt geluisterd. Hij wil dat de arts begrip, empathie en aandacht heeft, zodat er binding en vertrouwen in de zorg ontstaat. Voldoende reden om het antwoord over de toekomst en de organisatie van de gezondheidszorg niet over te laten aan de beroepsgroepen van medici, de overheid of de zorgverzekeraars. Tenslotte gaat het ook om uw zorg, gezondheid en welzijn.

Over die toekomst moeten burgers zelf willen meedenken. Dat kan door invloed uit te oefenen. Op grond van betrokkenheid. Door meer kennis te vergaren. Door beter inzicht te krijgen in de soms schimmige wereld van de zorg. De burgers betalen voor de zorg. Als zij echt willen meebepalen, dan kunnen zij niet langs de lijn blijven staan. Daarom dit boek.

Burgerschap in een democratie heeft te maken met zelfstandigheid, met betrokkenheid, met sociale en maatschappelijke verantwoordelijkheid. Met belangstelling voor elkaar en de serieuze behoefte van mensen om erbij te horen of iets voor elkaar te willen betekenen.

Dit heeft u
te vertellen

Schrik niet: U bent de baas over uw eigen zorg. Dus horen de burgers ook de baas te zijn in de zorg. Wie betaalt, bepaalt. Zo gaat dat toch in een democratie, wat er ook wordt beweerd? Als de burger door de overheid wordt verplicht zich tegen ziektekosten te verzekeren, mag er ook worden verwacht dat die burger daarover mag meebepalen.

Gezondheidszorg is een belangrijk publiek goed. Maar ziekenhuizen fuseren en sluiten zonder dat de burger daar iets over te vertellen heeft. Zorgaanbieders, door de burger betaald, beslissen zelf of ze al dan niet samenwerken. Grote, afstandelijke zorgverzekeraars verliezen het contact met de bevolking. Dat veroorzaakt vervreemding.
Daarom is het tijd dat de burger meer zeggenschap krijgt over de zorg.
In een democratie zijn de burgers, strikt genomen, altijd de baas. Uiteraard is dit deels wensdenken. Tenslotte zijn de burgers ook niet de baas van hun pensioenen, van de wegenbouw, van autoverzekeringen of de woningsector. Was het maar waar. Toch blijft het belangrijk hierover na te denken.
Nederland is een representatieve democratie. Een rechtsstaat met een wetgevende, een uitvoerende en een rechtsprekende macht. Die macht is gedeeld en berust op een fijnmazig spel van geven en nemen, van polderen, gunnen, consensus en veelvuldig overleg in Haagse achterkamertjes.
Dit systeem is heel oud. Het heeft zich bewezen. Toch staat het ter discussie.

Burgers voelen zich niet of onvoldoende gehoord. Ze willen meer inspraak, ze storen zich in toenemende mate aan besluitvorming die hen van bovenaf wordt opgedrongen.

Bovendien is kleinschaligheid in. Overal in het land ontstaan lokale burgerinitiatieven, ook in de gezondheidszorg.

Dat er iets op drift is geraakt in de samenleving mag duidelijk zijn, al duurt het nog even voor Nederland een basisdemocratie is waar om de haverklap een referendum wordt gehouden en iedereen over elk relevant onderwerp kan meebeslissen.

Is dat erg? Nee. De veranderende voorkeuren van Nederlanders bieden volop kansen. Van afhankelijkheid naar verantwoordelijkheid en eigen regie: wij vinden dat een belangwekkende trend, al gaat het zoals altijd om de dosering.

In onze ogen is de Nederlandse representatieve democratie nog lang niet dood. Zij behelst veel meer dan politiek gekonkel, simplificerende propaganda, de bekende gang naar de stembus of de conservatief-populistische afkeer van verandering vermomd als revolutionaire omwenteling.

Democratie begint bij burgerschap. En burgerschap in een democratie is meer dan de emotionele opwelling die zich verontwaardigd een weg baant. Burgerschap in een democratie heeft te maken met zelfstandigheid, met betrokkenheid, met sociale en maatschappelijke verantwoordelijkheid. Met belangstelling voor elkaar en de serieuze behoefte van mensen om erbij te horen of iets voor elkaar te willen betekenen.

Daarom zetten wij in op burgerschap. En op de Nederlandse burger. Voor de duidelijkheid: met burgers bedoelen wij alle volwassen inwoners van Nederland die hun zorgpremie betalen. Iedereen is daartoe verplicht, want Nederland kent een collectief stelsel van zorgverzekeringen.

Het maakt niet uit of iemand arm is of rijk, gezond, ziek, jong of oud. Of de verzekerde Nederlandse voorouders heeft, dan wel van buitenlandse afkomst is; dat doet er niet toe in de gezondheidszorg. Dit is een belangrijke verworvenheid waar niet lichtvaardig over kan worden gedacht. Sterker: het is de kern, het hart van het egalitaire zorgstelsel waar Nederland wereldwijd om wordt geprezen.

Daar staat wel iets tegenover. Als iemand ergens voor betaalt, heeft die daar op zijn minst iets over te zeggen. Juist daarom zijn alle inwoners samen de baas in de zorg. Vandaar onze aanbeveling: geef de burger zeggenschap over de zorg dichtbij. Laat burgers meepraten en meebeslissen over de aard en spreiding van het zorgaanbod. Sluit aan bij positieve nieuwe vormen van democratie die van onderaf ontstaan.

Is de zorg echt van ons?

Ja, de zorg is van ons allemaal. Daar betalen wij veel geld voor. U betaalt dat geld via de zorgpremies en de belastingen, waarna het in de kas van de zorgverzekeraars en in de collectieve potten van 'politiek Den Haag' verdwijnt. Daar verandert uw geld in publieke middelen en wordt het verdeeld onder particuliere zorginstellingen en toeleveranciers.
Onthoud daarom vooral dat de gezondheidszorg niet van de zorgverzekeraars is. Niet van de politici, de beleidsmakers of de ambtenaren in Den Haag die bij het ministerie van Volksgezondheid, Welzijn en Sport (VWS) werken.
Zij allen zijn slechts bemiddelaars, hoewel de belangrijksten onder hen ervan worden verdacht de ware machthebbers in de gezondheidzorg te zijn. Met het ministerie van VWS als schijnbare spil, want de feitelijke financiële beslissingen worden nog altijd genomen door het ministerie van Financiën.
In werkelijkheid gaan zowel de zorgverzekeraars, de politici als de beleidsmakers op het ministerie van VWS uitsluitend over de besteding van uw geld. Zij hebben schijnbaar de macht, omdat zij over uw geld beslissen.
Zij kunnen dit doen omdat de zorg en vooral het zorgstelsel zo ingewikkeld is dat de meeste burgers er bijna niets van begrijpen, hoe knap ze ook zijn. Sterker nog: omdat de meeste mensen er niets van willen snappen, hebben andere mensen de macht die aan hen wordt uitbesteed.
Hier is een kanttekening op zijn plaats. In de eerste plaats hebben burgers zelf de regering gekozen die verantwoordelijk is voor het zorgstelsel. In de tweede plaats staat het alle burgers vrij om eens per jaar van zorgverzekeraar te

wisselen; ook dat is door gekozen politici zo beslist.

Misschien gaat u ervan uit dat de gezondheidszorg iets is van dokters en verpleegkundigen. Niets is minder waar. De zorg is ook niet van de bestuurders, de managers, de zorgconsulenten of de leveranciers van pacemakers, insulinepompen, bloedglucosemeters, operatiegarens, prikpennen en verbandmiddelen. De zorg is al helemaal niet van de farmaceutische industrie of de wetenschappers die nieuwe medicijnen ontwikkelen. Toch eten al deze mensen mee uit de ruif waar alle burgers hun geld in hebben gestort.

Ook daarom is de zorg van u.

Wat kost het om de baas te zijn?

Elke burger betaalt jaarlijks een zorgpremie. Die nominale premie bedraagt rond de 1.200 euro per volwassene, soms iets minder als er een collectieve korting geldt. Iedereen is wettelijk verplicht die premie te betalen. Veel inwoners hebben bovendien aanvullende verzekeringen voor de tandarts of de fysiotherapeut. Dat gebeurt op vrijwillige basis. Wat een aanvullende verzekering kost, verschilt per zorgverzekeraar en per type verzekering.

Daarbij blijft het niet. Wie voor een onderzoek naar het ziekenhuis gaat, in het verpleeghuis woont of thuiszorg krijgt, moet een eigen risico en soms ook een eigen bijdrage betalen. Dat wordt meestal achteraf verrekend. Daarnaast betaalt iedereen voor allerlei zaken die de zorgverzekeraar niet vergoedt, omdat die niet onder de verplicht verzekerde zorg vallen. Bijvoorbeeld sommige plastisch chirurgische ingrepen, een recept voor homeopathische middelen of het doosje paracetamol bij de drogist. Het 'eerste uitgifte gesprek' bij de apotheek kende een apart tarief dat onder het eigen risico viel. Klanten wilden dit gesprek niet. Door de kosten niet meer te benoemen, wordt het gesprek nu zonder gedoe betaald. Alleen voor de zorg van de huisarts en de geboortezorg hoeft geen eigen risico te worden betaald. Alle genoemde extra uitgaven neemt de burger zelf voor zijn rekening. Begrijpelijk dat die zich soms afvraagt waarom de zorg zo veel kost en waar zijn geld blijft.

Wie betaalt, bepaalt?

Was dat maar zo. De burger betaalt wel, maar hij bepaalt niet mee. Ook de patiënt heeft lang niet altijd iets te vertellen over hoe hij wordt behandeld. Bovendien beschikt hij over te weinig informatie om de juiste afweging te maken naar welke dokter hij gaat. Dat is het struikelblok.

Wij vinden het merkwaardig dat de burger niet zelf beslist hoe zijn geld wordt besteed. Bij elkaar opgeteld, via premies en belastingen en inclusief de kosten voor de langdurige zorg, betaalt de burger namelijk nog veel meer. Schrik niet, want in totaal is elke inwoner afhankelijk van zijn inkomen algauw een slordige 6.000 euro per jaar kwijt aan de Nederlandse gezondheidszorg. Dat is een hoop geld, zeker als het economisch even tegenzit.

Alleen kinderen tot 18 jaar en burgers die zich om principiële redenen niet willen verzekeren, de gemoedsbezwaarden, zijn vrijgesteld van premiebetaling. Overigens betaalt deze laatste groep wel een premievervangende belasting. Ze betalen dus niet rechtstreeks mee aan het verplichte, collectieve zorgstelsel en draaien zelf op voor alle kosten.

Dat kan behoorlijk oplopen. Veel Nederlanders weten niet eens hoeveel een willekeurige medische ingreep kost. Dit bleek in 2013 uit een onderzoek van De Friesland Zorgverzekeraar. In het voorjaar van 2016 besteedde tv-programma Radar twee uitzendingen aan het feit dat noch de medisch specialisten noch de baas van het AMC, het grootste academische ziekenhuis van het land, weten wat een operatie of behandeling precies kost. Geen wonder dat dik 80 procent van de Nederlanders de kosten van een heupoperatie verkeerd inschat. Een heupoperatie kost gemiddeld 22.000 euro, terwijl 38 procent van de mensen de kosten op 6.000 euro raamt.

In de zomer van 2016 heeft zorgverzekeraar CZ als eerste voor een aantal verrichtingen in de ziekenhuizen de bijbehorende tarieven openbaar gemaakt. Dit om, volgens de zorgverzekeraar, de transparantie te bevorderen. Uiteraard leverde dit prompt kritiek op. De een vond het een stap naar de hemel, de ander naar de hel.

Kunnen burgers zelf hun dokter kiezen?

Er wordt vaak geschermd met het begrip transparantie. Dat klinkt prachtig, maar burgers hebben geen zicht op de kwaliteit van artsen en behandelingen. Zij kunnen niet verantwoord kiezen, omdat ze de verschillen niet kennen. Ze weten vrijwel niets van hun arts, van diens werkelijke prestaties of eventuele miskleunen. Daarom nemen anderen de beslissingen, bijvoorbeeld de artsen en de zorgverzekeraars.

De overheid doet alsof er keuzevrijheid in de zorg bestaat. Dat klinkt prachtig. De burger wil dat ook. Maar keuzevrijheid is een hersenschim, een illusie. Voorlopig valt er nog weinig te kiezen in de zorg. Hoe kan een burger de kwaliteit beoordelen van een chirurg die tweehonderd kilometer verderop werkt? Zelfs zijn collega's weten vaak niet eens hoe goed of slecht hij is. Anders dan in de Verenigde Staten is het in Nederland ongebruikelijk dat dokters hun eigen prestaties op een website aanprijzen.

Hier wreekt zich het gebrek aan publieke kennis over de kwaliteit van artsen en andere zorgverleners. Hoe beoordeelt u of de huisarts en de apotheek bij u in de buurt echt 'goed' zijn? U moet er maar op vertrouwen dat zij deugen, want verder dan mond-tot-mondreclame van de buurvrouw komt u niet. En als u telkens een kwartier aan de balie moet wachten voor u, ook nog eens onvriendelijk, wordt geholpen, is het negatieve beeld gezet en wilt u er misschien nooit meer heen. Al met al een wankele basis om zelfstandig, op basis van zogenoemde objectieve criteria, te kunnen kiezen.

Patiënten- en belangenorganisaties zoals Zorgbelang Nederland leggen veel nadruk op de ontwikkeling van kwaliteitscriteria. Terecht, want via hen heeft de burger invloed op de vaststelling van de criteria. Maar om tot een transparant stelsel met objectieve en vergelijkbare criteria te komen, moet er nog een lange weg worden afgelegd. Wie dus beweert dat burgers in de zorg volledige keuzevrijheid hebben, spreekt niet de waarheid. Hoe kan iemand zelfstandig en onafhankelijk kiezen als die afhankelijk is van wat de huisarts adviseert, omdat er een verwijsbriefje nodig is voor het eerste consult bij de medisch specialist?

In de praktijk valt dit wel mee. De patiënt wordt verwezen naar een specialist en de huisarts bespreekt met de patiënt naar welk ziekenhuis die wil.
Er wordt al jaren op aangedrongen dat burgers meer en betere informatie krijgen over de kwaliteit van zorg. Die informatie moet zo objectief mogelijk zijn en in begrijpelijke taal worden uitgelegd. Helaas stuit dit nog altijd op allerlei bezwaren bij de gevestigde belangengroepen, alsof openheid alleen met de mond wordt beleden en in de praktijk gelijk staat aan vloeken in de kerk. Waarom stelt iedereen die een ingewikkelde chirurgische ingreep ondergaat, niet gewoon een aantal simpele standaardvragen aan de chirurg? Denk daarbij aan vragen als hoe vaak hij of zij de operatie verricht heeft, hoe vaak het is misgegaan en hoeveel patiënten er na vijf jaar nog in leven zijn.

Er zijn toch vergelijkingssites?

Kwaliteit is en blijft een lastig onderwerp. Daar zijn geen eenduidige uitspraken over te doen. Kwaliteit betekent voor de professional iets anders dan voor de patiënt. Bovendien is het de vraag of er continu aandacht bestaat voor verbetering. En of daar duidelijk genoeg over wordt gecommuniceerd.
Het klopt dat er vergelijkingssites bestaan en onderzoeken van het weekblad *Elsevier*, het AD of *Independer*. Maar Independer is niet werkelijk onafhankelijk, het is overgenomen door zorgverzekeraar Zilveren Kruis. Zowel de AD Top-100 als de 'Beste Ziekenhuizen' van het weekblad *Elsevier* bevatten algemene gegevens over de kwaliteit en beleving van zorg. Voor de leek zijn die lijstjes niet altijd even gemakkelijk te doorgronden. Daardoor weet de burger nog steeds weinig over de werkelijke kwaliteit van de individuele medisch specialist of de huisarts in de straat. Intussen bestaan er ook de websites *zorgwijzer.nl* en *zorgkaartnederland.nl*. De laatste geeft de meningen van burgers weer over de zorgverleners waar ze zijn geweest.
De rapporten en andere onderzoeken van de Inspectie voor de Gezondheidszorg (IGZ) zijn amper publieksvriendelijk te noemen. Zij bevatten, hoe kan het ook anders, veel cijfers en vakjargon. Voer voor kenners. Met als gevolg dat de

goedwillende burger met zijn mond vol tanden staat als die voor het eerst op zoek gaat naar de beste arts voor zijn of haar kwaal. Laat staan dat de onkundige patiënt bij voorbaat weet hoe goed een bepaald medisch team samenwerkt. Omdat er geen allesomvattend, onafhankelijk, betrouwbaar en publiekelijk toegankelijk, digitaal overzicht van de medische kwaliteit bestaat, moet elke burger telkens van voren af aan beginnen. Handig, zo'n schone lei.

Een stap in de goede richting is de drie-goede-vragenmethode die is ontwikkeld door IQ Healthcare en het Radboudumc. Dat is een methode waarbij de patiënt, eenmaal geconfronteerd met een ziekte, kan meepraten over de eigen zorg en de beslissingen die worden genomen. De belangrijkste vraag die zorgprofessionals moeten stellen is: welke zorg past het beste bij de patiënt? Ze moeten daarbij rekening houden met wat die kan om zelf zijn ziekte te managen.

Aan de hand van drie gerichte vragen leert de patiënt te achterhalen wat zijn of haar mogelijkheden zijn, wat daarvan de voor- en nadelen zijn en wat een en ander in zijn of haar situatie betekent. Deze methode is verder ontwikkeld door de Patiëntenfederatie Nederland (NPCF) en de Federatie Medisch Specialisten. Het probleem van de gebrekkige kwaliteitsinformatie wordt er niet mee opgelost. Maar de patiënt krijgt houvast en kan gericht trachten te achterhalen wat er precies aan scheelt en wat de artsen van plan zijn.

Waarom moet iemand eerst naar de huisarts?

De huisarts is de poortwachter van de zorg. Een kleine 96 procent van alle reguliere behandelingen vindt plaats in de huisartsenpraktijk. 'Pluis, niet pluis', is het motto. Als de eigen kennis tekortschiet en de praktijkondersteuner niet kan helpen, verwijst de huisarts naar een medisch specialist. Vaak is dat een arts waarvan redelijkerwijs bekend is hoe die werkt. Niet erg, de huisarts kan onmogelijk alle specialisten in het land persoonlijk hebben ontmoet die een bepaalde ziekte behandelen.

Tegenwoordig biedt de huisarts de patiënt wel een alternatief: u kunt naar deze arts, dichtbij, of naar een andere, maar dan moet u tien of twintig kilometer verder rijden. Het is een keuze, al is zelfs die soms lastig. Veel oudere burgers kiezen voor het gemak, ze willen per se in het ziekenhuis in de buurt worden geholpen. Iemand die bijvoorbeeld aan zijn pols moet worden geopereerd, is er evenwel bij gebaat als de eigen huisarts op zijn minst weet of het lokale ziekenhuis waar voor zijn geld levert. De kwaliteit van de specialist sluit dan gelukkig aan bij de relatieve gemakzucht van de patiënt.

Wie een ingewikkelde slokdarmoperatie ondergaat, is aantoonbaar beter af als de huisarts op basis van feitelijke informatie kan vertellen in welk ziekenhuis de kans op een complicatie of heroperatie het kleinst is. Dan is meestal ook het overlevingspercentage aantoonbaar hoger.

De vraag blijft hoe de huisarts zich informeert. Op basis van consequent bijgehouden vakinformatie, *hear say*, persoonlijke gesprekken met uiteenlopende medisch specialisten, door een bezoek aan het lokale ziekenhuis, of door patiënten na afloop van een behandeling te ondervragen? Klinkt allemaal prachtig, maar daar is helemaal geen tijd voor. Terwijl een goed functionerende huisarts een prima medestander is van de mondige burger die zelf de regie wil hebben over zijn eigen zorg.

Hoezo is er zo weinig keus?

Er is weinig vrije keuze, omdat er vrij veel volgens regels en vereisten is geregeld. Feit is dat de zorg geen echte marktwerking kent. In een echte markt hebben klanten keuzevrijheid en invloed op kwaliteit en prijs. Neem de wereld van het vervoer, behalve de NS. Daar is meestal sprake van een echte markt, daar heeft een klant veel te vertellen, zolang hij maar betaalt.

Wie een auto koopt, kan kiezen uit duizenden nieuwe of gebruikte wagens. U kiest voor een merk of type auto. U gaat voor de kleur die u bevalt. Misschien vindt u aparte velgen en dikke banden belangrijk of moeten de stoelen een leren bekleding hebben. Het kan allemaal, zelfs bij een tweedehands auto kunt u nog genoeg kiezen.

Wie drie jaar achter elkaar verplicht 6.000 euro aan zorg betaalt, heeft daar evenwel niets over te vertellen. Die kan niet op een knop drukken en zeggen welke arts hij wil zien. Hij heeft hoogstens een beetje inspraak en bij sommige specialisten mag hij meebeslissen wat er precies gebeurt. Maar dat is nog uitzonderlijk. In elk geval is iemand die drie jaar achter elkaar 6.000 euro betaalt voor zijn zorg bij elkaar opgeteld 18.000 euro kwijt, zelfs zonder dat hij gebruik maakt van enige zorg. Van dat geld kan iedereen een splinternieuwe middenklasse auto kopen.

Hoe komt u dan bij de beste dokter?

De zorg is voor iedereen gelijk. Maar wie zijn mond niet opendoet of de taal slecht spreekt, komt er nooit achter waar het beste medische team voor een specifieke aandoening werkt. Tegenwoordig is in elk geval vastgesteld hoeveel behandelingen en operaties voor allerlei vormen van kanker een ziekenhuis minimaal moet verrichten. En voor zeer kostbare behandelingen kan de patiënt alleen terecht in zogenoemde expertisecentra. Dat zijn ziekenhuizen die speciaal zijn aangewezen om dure behandelingen uit te voeren en te begeleiden. Een enorme vooruitgang. Daar hebben de medisch specialisten, de ziekenhuizen en de Inspectie voor de Gezondheidszorg hard aan meegewerkt. Maar vaak kunt u pas bij de juiste dokter terecht als u doelgericht doorvraagt, urenlang het internet doorspit of de juiste relaties heeft, 'Vitamine R' dus. Het kost nog meer moeite en inzicht in de verhoudingen als de topspecialist die u zoekt in het buitenland werkt, bijvoorbeeld in het Belgische Gent. Wees daarom volhardend als u echt de beste dokter voor uw kwaal nodig heeft. Neem als u naar het buitenland wilt wel eerst contact op met uw zorgverzekeraar. Anders kunt u van een koude kermis thuiskomen als blijkt u achteraf veel moet betalen. Want niet elke topdokter heeft automatisch een contract met een Nederlandse zorgverzekeraar.

Wie bepaalt waar uw geld naartoe gaat?

Burgers hebben geen idee hoeveel hun zorg kost. Als premiebetalers zijn zij afhankelijk van allemaal partijen die zich vrijelijk van hun geld bedienen. Die partijen zijn in de eerste plaats de zorgverzekeraars en de belastingdienst, namens de Nederlandse staat.

De zorgverzekeraars beheren de premies die de burgers afdragen voor de zorg die dokters, verpleegkundigen en anderen verlenen. De overheid verdeelt de belastingopbrengsten die naar de langdurige zorg gaan. Dat is grofweg de verdeling.

Al dat geld gaat naar tienduizenden zorgaanbieders, naar de zorgverleners in ziekenhuizen en verpleeghuizen, de huisartsen, de fysiotherapeuten. Uw euro's gaan eveneens naar de farmaceutische industrie en de leveranciers van medische producten, naar imposante gebouwen, kostbare apparaten, hoge inkomens van bestuurders, medisch specialisten enzovoorts. Alles op uw kosten. Conclusie? Burgers mogen duizenden euro's per jaar betalen voor de zorg, ze hebben er weinig tot niets over te vertellen. Dat is absurd.

Maar het ergste komt nog. U mag van tevoren uw portemonnee trekken, zonder te weten waarvoor u betaalt. U krijgt heel vaak niet eens de rekening te zien voor die wordt betaald. Vroeger kreeg de particulier verzekerde de rekening van het ziekenhuis thuisgestuurd. Die moest eerst worden betaald en daarna worden gedeclareerd bij de ziektekostenverzekeraar. Pas dan werd er iets vergoed.

Nu gebeurt dat niet meer en duurt het soms wel drie jaar voordat een ziekenhuis de rekening van een behandeling naar de zorgverzekeraar stuurt. Hoe kan de verzekeraar dan nagaan of de ingreep verantwoord was en niet te veel heeft gekost? Laat staan dat de burgers daar ooit achter komen. En hoe komt dat dan? Door al die rare regels van declareren in de zorg die van buitenaf zijn vastgelegd. Want elk ziekenhuis declareert natuurlijk ook liever zo snel mogelijk.

Houden dokters genoeg rekening met patiënten?

De regels voor de medische zorgverlening worden gemaakt door artsen die met elkaar samenwerken, door hun beroepsverenigingen en door verpleegkundigen. De dokters waren de eersten die regels opstelden. Dat deden de oude Grieken al. Rond 400 voor Christus liet de Griekse arts Hippocrates als eerste dokters een eed afleggen.
Volgens de Eed van Hippocrates beloofden artsen zich aan bepaalde voorwaarden en beroepsregels te houden. Een van die regels gaat over het beroepsgeheim: "Wat ik ook bij de behandeling, of ook buiten de praktijk, over het leven van mensen zal zien of horen aan dingen die nooit mogen worden rondverteld, zal ik verzwijgen, ervan uitgaande dat zulke dingen geheim zijn." Zelfs 2.400 jaar later leggen alle dokters nog steeds een eed af die is gebaseerd op de uitgangspunten van Hippocrates. In de Nederlandse artseneed uit 2003 staat bijvoorbeeld: "Ik zweer/beloof dat ik de geneeskunst zo goed als ik kan zal uitoefenen ten dienste van mijn medemens. Ik zal zorgen voor zieken, gezondheid bevorderen en lijden verlichten. Ik stel het belang van de patiënt voorop en eerbiedig zijn opvattingen." In de Utrechtse Domus Medica, waar veel artsenorganisaties kantoor houden, staat deze spreuk in grote letters op de muur van de ontvangsthal op de begane grond.
Wie zorg krijgt, bijvoorbeeld in een ziekenhuis, heeft nu al recht op duidelijke informatie en inzage in het medisch dossier. Elke patiënt mag een behandeling of medicijn weigeren. U heeft recht op een *second opinion*: u mag een andere arts om zijn mening vragen. Wie ontevreden is over de manier waarop hij is behandeld door een zorgverlener of zorgverzekeraar, kan een klacht indienen. Overigens is de overheid bezig met nieuwe wetgeving waarin de rechten van de patiënt zijn geregeld.

Wat doen de zorgverzekeraars voor u?

Zorgverzekeraars zijn krenterig. Ze zeggen zelf dat ze zuinig zijn met uw geld. Dat klopt: ze sparen voor slechte tijden en moeten voldoen aan extra internationale eisen voor hun vermogenspositie. En ze besteden geld aan reclame om nieuwe verzekerden te werven. Zij geven aan dat u naar het buitenland kunt voor een behandeling. Dat kan, maar vaak wordt dit alternatief afgeremd.

Zorgverzekeraars sluiten contracten met ziekenhuizen en specialisten. Daar bieden ze elk jaar minder geld voor. Dat moet van de overheid, zeggen zij, want die wil de stijging van de zorgkosten beperken. Er moet meer zorg in de eerste lijn plaatsvinden, bijvoorbeeld bij huisartsen en fysiotherapeuten.

In de praktijk worden vooral private klinieken en buitenlandse aanbieders van zorg benadeeld. Zij krijgen pas laat een contract, vaak is dat slechter dan dat van het reguliere ziekenhuis en lang niet altijd wordt alle geleverde zorg vergoed. De zorgverzekeraars veronderstellen dat deze 'vrije jongens', hoe gerenommeerd zij ook zijn, niet altijd voldoen aan de Nederlandse standaarden en protocollen. Of dat zo is, mag worden betwijfeld. En voor innovaties in de zorg trekken de zorgverzekeraars slechts zeer beperkt geld uit.

Dat kan anders. Voorwaarde is dat de burgers een sterkere positie krijgen. De vraag is of zij dat willen. Nederland heeft 17 miljoen inwoners. Velen zijn boerenslim, een derde van de bevolking is hoog opgeleid. De meesten van hen zijn gezond. Toch is lang niet iedereen zo zelfredzaam als de overheid wil doen geloven. Wilt u zich echt bezig houden met het systeem van de gezondheidszorg als u jong en gezond bent en niemand kent die een handicap heeft, die moet worden geopereerd, in een verpleeghuis verblijft of in een hospice is opgenomen?

Welke rol spelen de patiëntenverenigingen?

Patiëntenverenigingen geven zwakke burgers een stem. Zij vertegenwoordigen mensen met een bepaalde ziekte. Ze zijn betrokken bij de ontwikkeling van kwaliteitscriteria en praten met zorgverzekeraars over de eisen die worden gesteld aan selectieve zorginkoop. Dat klinkt mooi, maar zo'n vereniging kan heel wat meer doen. Er dient bijvoorbeeld beter te worden samengewerkt. Dat is nodig, omdat Nederland geen gebundelde, goed georganiseerde, actieve, onafhankelijke en duidelijk geprofileerde patiëntenbeweging heeft die één lijn volgt.
De patiëntenbeweging is nog niet de gedroomde 'tegenmacht' waar oud-minister van Volksgezondheid Hans Hoogervorst (VVD) van repte toen de Zorgverzekeringswet in 2005 door het parlement werd goedgekeurd. Eerder doemt het beeld op van de spreekwoordelijke kruiwagen vol kikkers. Honderden patiëntenverenigingen telt het land, voor allerlei aandoeningen. Toch weet bijna niemand dat. Intussen lopen zij elkaar soms hinderlijk voor de voeten. En iedere club vindt 'de eigen' ziekte het belangrijkst. Overigens bestaat er een wonderlijke pikorde bij de patiëntenorganisaties. De Hartstichting en KWF Kankerbestrijding krijgen veel geld, maar de Hersenstichting niet.
Voor patiëntenverenigingen is het lastig aan geld te komen om zich beter te kunnen organiseren en professionaliseren. Vaak ontbreekt bij deze organisaties ook de wil om iets te claimen of zelf aan het roer te staan. Bescheidenheid, fatsoen, tekortschietende professionaliteit en angst overheersen. Met een zekere regelmaat laten patiëntenverenigingen zich bovendien inpakken door lobbygroepen, al zijn er uitzonderingen.
Naast de traditionele patiëntenverenigingen bestaan er regionaal werkende Zorgbelangorganisaties. Die verschaffen een stem aan de burger en ondersteunen lokale en regionale belangenbehartigers. De ervaring van cliënten wordt gebruikt om de zorg te verbeteren. Bovendien bieden ze vanuit een sterke regionale positie onafhankelijke cliëntondersteuning aan mensen die vastlopen in de zorg. Doorslaggevend is dat de Zorgbelangorganisaties op lokaal en

regionaal niveau actief zijn. Dat is het terrein waar de 'zorg dichtbij' zich afspeelt.

Kan dat anders?

Als de burgers het echt voor het zeggen hebben, ziet de zorg er heel anders uit. Dan staat aandacht voor de individuele mens voorop en niet de afhankelijkheid van de kennis die anderen hebben of de afvalrace van de bezuinigingen.
Zo ver is het nog lang niet. In de praktijk zijn de burgers namelijk niet de baas, hoeveel geld ze elk jaar ook aan premies en belastingen kwijt zijn.
Niet iedereen is zich daarvan bewust of heeft er belangstelling voor.
Hoogste tijd dus om de handen uit de mouwen te steken en goed te kijken naar de manier waarop de pot met 100 miljard zorgeuro's wordt beheerd.
Elke samenleving vereist activiteit en de inzet voor anderen. Dat hoort bij burgerschap, bij mondigheid en zelfstandigheid.
Wil de onderlinge samenhang in een open democratie gewaarborgd blijven, dan moeten burgers hun verantwoordelijkheid nemen. Ook in de zorg. Daar horen onderlinge afspraken bij, zoals de solidariteitsgedachte. Maar ook gedragsregels, rechten en plichten waaraan burgers en beleidsmakers moeten voldoen.

Paul Lohman:

"BEMOEI JE MET JE EIGEN HERSTEL"

Paul Lohman (1955) is toezichthouder bij De Nederlandsche Bank. Begin 1988 loopt hij een beschadiging op van zijn ruggenmerg. Om precies te zijn: aan het myleum, het omhulsel van de zenuwbanen. Daardoor ontstaat er een dwarslaesie in de derde en vierde halswervel, C3 en C4. "Best hoog. Alles daaronder is uitgeschakeld."

De verlamming komt spontaan, vertelt Lohman. Hij studeert bedrijfseconomie in Rotterdam. Tijdens een housewarming party in Amsterdam-Zuid laat hij opeens een glas op de grond vallen. Enkele aanwezige jaarclubgenoten die in opleiding zijn tot arts zeggen: 'Dat is niet best.'

"Ik ben lopend het AMC ingegaan, ben gaan liggen en binnen een half uur was ik verlamd. Ik had wat koorts, 38,4, en ontzettende pijn in mijn nek. Ik dacht: 'Als die pijn weg is, dan is het weer klaar.' De koorts was snel voorbij. Maar ik had nog steeds een dwarslaesie."

Paul Lohman is dan 32, in de kracht van zijn leven: groot, gespierd, sterk en sportief. Vaak loopt hij een rondje Kralingse Plas, soms een marathon. Hij skiet, in 1987 rijdt hij de Elfstedentocht. Na een paar dagen vertelt de specialist hem dat hij wel heel vrolijk en opgewekt doet, maar dat hij nooit meer zal kunnen lopen. "Ongeneeslijk. De boodschap luidt: 'Je krijgt een ander bestaan.'"

Niemand weet waardoor hij verlamd is geraakt. Een virus? "Dat hebben de artsen nooit kunnen vaststellen. Er is geen oorzaak gevonden."

Lohman revalideert bij De Hoogstraat in Utrecht. "Dat was niet inspannend, want ik mankeerde verder niets. De meeste mensen die in revalidatie komen, liggen in de kreukels. Die hebben overal pijn. Ze hebben hun nek gebroken, ze zitten in het gips, met spalken en metalen platen. Van de trap gevallen, uitgegleden over het kleedje in de badkamer of niet op tijd uit de toeclips van hun racefiets gekomen."

"Wat ik daar heb geleerd? Hoe ik mijn elektrische rolstoel moet bedienen: joystick naar voren is naar voren, naar achter is naar achter. En hoe ik mijn blaas moet ledigen door erop te slaan en dat ik dat regelmatig moet doen."

Een doorzetter: met het nodige 'gestuntel en gehannes' leert hij de toetsen van zijn computer te bedienen, een Commodore 64. Hij schrijft zijn doctoraalscriptie en haalt zijn bul. In 1989 krijgt hij in Den Haag een appartement toegewezen van Fokuswonen voor mensen met een beperking.

Hij solliciteert bij KPN, op dat moment nog PTT Telecom, en wordt chef managementinformatie, een voltijds baan. "Hoeveel telefoontikken zijn er deze maand gemaakt, zijn er nog gsm-toestellen verkocht, hoeveel telefooncellen staan er en doen die het allemaal?"

In 2002 treedt hij in dienst van de Pensioen- en Verzekeringskamer in Apeldoorn die kort daarna wordt ingelijfd door DNB. Op kantoor heeft hij geen last van zijn dwarslaesie.

"Ik was niet ziek, zwak of misselijk. Nooit doorligplekken. Ze takelden me 's ochtends thuis uit bed, de stoel in en ik reed weg in mijn aangepaste leaseauto. Ik gebruikte geen pillen. Niets." Intussen verdwijnen zijn spieren als sneeuw voor de zon.

Lohman is een charmante man die veel voor elkaar krijgt. Twee keer per dag komt de wijkverpleegkundige op zijn werk om het zakje voor de urine leeg te maken en hem beter in zijn stoel te zetten. "Zolang je op gebaande paden gaat, is er niets aan de hand. Maar je moet wel handjes hebben, mensen die je helpen." Als hij op vakantie wil, moet er van alles worden geregeld; gelukkig houdt hij van regelen.

Zijn motto? "Je wilt je niet laten kennen, jezelf een doel stellen en het einddoel in de gaten houden. Een beetje doorzetten hoort erbij. Er kan heel veel, maar dat gaat niet vanzelf. En ik moet mensen om mij heen hebben, anders ga ik dood. Dat is essentieel."

In 2006 moet hij worden geopereerd, omdat de zenuwen in zijn linkerarm bekneld zijn geraakt en de kracht 'gillend' achteruit gaat. In 2015 is zijn rechterarm aan de beurt; hij kan bijna geen auto meer rijden. "Ik heb die auto nodig om naar mijn werk in Amsterdam te komen. En om op zaterdag naar mijn kinderen te kijken, die voetballen en hockeyen."

Operatie geslaagd: twee tussenwervels zijn verwijderd, vervangen door titanium exemplaren en vastgezet met een metalen plaatje.

Wat is zijn advies aan de burger die patiënt wordt? "Denk in wat kan en wat niet kan. Anders kom je in de verkeerde groef terecht. Doe wat wel kan en geniet daarvan. Geef je niet over aan de medische stand maar blijf actief meedenken. Zeker na een aantal jaar als patiënt ben je door je ervaringsdeskundigheid bijna een volwaardige gesprekspartner. Natuurlijk houden de artsen het overzicht. Maar je kunt wel dingen bij ze neerleggen."

En verder? "Bemoei je met je eigen herstel. Wat is belangrijk, wat niet? Wat moet ik daarvoor doen, wat laten? Wat zijn jullie nog van plan met mij te doen? Dat is voor de arts prettig. Voor jezelf is het belangrijk, omdat je dan sneller uit het ziekenhuis kunt."

"Schroom niet vol te houden tot alles is geregeld, zodat je niet de hele tijd volledig op je vrouw hoeft te leunen. Die heeft het nog steeds zwaar, maar alles dat direct met mij te maken heeft, wordt haar uit handen genomen."

Ook hij is wel eens chagrijnig. "Ja, dan doe ik niks. Ga ik een beetje de krant lezen, in het zonnetje zitten." Wanneer is dat? "Als ik weer eens besef dat ik niet met mijn zoon kan voetballen." Of als mensen zich voor hem schamen. Hij zucht, hij heeft leren leven met de frustratie dat hij dingen niet kan doen zoals hij het wil. Nu moeten anderen dat voor hem doen.

"Dat is niet hetzelfde. Ik was vast geen goede tuinier geweest, maar er is niks lekkerders dan in de herfst met een bladerhark het gras aan te harken. Laarzen aan, bladeren naar de composthoop, kijken of dat iets wil worden. Beetje klooien. Hout stapelen voor de open haard. Dikke trui aan, biertje onder handbereik."

Wie maakt de wetten voor de zorg? De wetgever maakt de wetten. In Nederland bestaat de wetgever uit de regering, formeel de 'Kroon', en de beide kamers van de Staten-Generaal (het parlement). Regering en parlement zijn samen bevoegd wetten uit te vaardigen; een wet treedt alleen in werking als zowel de Kroon als de Tweede en de Eerste Kamer die goedkeuren.

Daarom zijn er regels

Een democratie kan niet zonder regels. Er zijn afspraken nodig om mensen vreedzaam te laten samenleven, met elkaar en naast elkaar. Zonder afspraken en regels geldt het recht van de sterkste. Dan liggen er ruzies, rellen, anarchie, een burgeroorlog of zelfs de ochlocratie in het verschiet, de heerschappij van het gepeupel.

Regels zijn zowel een vloek als een zegen. Ze zijn nodig, omdat mensen soms ongeremd en bandeloos zijn, elkaar wantrouwen en naar het leven staan. *Homo homini lupus*: de mens is een wolf voor zijn medemens, wist de Romeinse toneelschrijver Plautus al. Waarna de zeventiende-eeuwse Britse filosoof Thomas Hobbes er subtiel een 'doortrapte wolf' van maakte.
Burgerschap, stelt Hobbes, is het verschil tussen barbarij en beschaving. In plaats van wetteloosheid en de 'oorlog van allen tegen allen' pleit hij voor solidariteit en een onzichtbaar sociaal contract tussen de burgers en de staat. Ook daarom zijn er regels, opdat wij niet wegzinken in de natuurstaat waarin mensen elkaar de hele tijd bevechten. De aanhoudende conflicten in het Midden-Oosten en de terreurdaden van IS zijn daar een voorbeeld van.
Regels helpen u, al zijn ze soms ingewikkeld. Ze horen bij de rechtsstaat, het systeem van regels waarmee een maatschappij wordt geordend. In Nederland beschermt het recht zowel de staat als de burger. Burgers maken hier nog altijd een kans tegen ambtelijke of politieke willekeur. In Rusland of Turkije is dat anders. Daar beschermt het recht de staat.

Ook de gezondheidszorg kan niet zonder afspraken, regels en wetten. Zorg is emotie. Mensen raken van slag als hen iets ergs overkomt. Daarom is het nodig dat er wordt vastgelegd wat er wel en wat niet kan in de zorg. Als u ziek bent, wilt u zo goed mogelijk worden geholpen. Dan moeten er in elk geval hulpverleners zijn die hun vak verstaan. Mensen waar u op tijd terecht kunt. Bovendien moet u die zorg kunnen betalen.

Met andere woorden: de toegang, de kwaliteit en de betaalbaarheid van de zorg horen geregeld te zijn. Daarom zijn er wetten voor de kwaliteit van zorg en wetten voor het zorgsysteem, dus voor de manier waarop het een en ander is georganiseerd. Die wetten zijn onmisbaar. Ze regelen dat iedereen die het nodig heeft zorg kan krijgen, in de wetenschap dat de kwaliteit goed is en de kosten draagbaar zijn. En ze verkleinen de afhankelijkheid die tussen een patiënt en een zorgaanbieder ontstaat.

Deze wetten gelden voor eenieder. Daar mogen wij als inwoners van Nederland trots op zijn. Arm of rijk, ziek of gezond: de solidariteitsgedachte is een groot goed waarmee voorzichtig dient te worden omgegaan. Burgers moeten er wel zelf op te letten dat die gelijkheid niet te ver wordt doorgevoerd en dus in gevaar komt. Dat gebeurt bijvoorbeeld als elke burger veel zelf moet betalen, waardoor het kan gebeuren dat alleen mensen met een hoog inkomen de betere zorg krijgen.

Zijn de wetten en regels overal gelijk?

Regels hebben te maken met opvattingen over de mens en de samenleving, met politieke stelsels en de omgang met elkaar. Dat geldt ook voor de regels in de zorg. Gaat het stelsel van gezondheidszorg in een land uit van solidariteit, dan zijn daar andere afspraken gemaakt dan als de marktverhoudingen overheersen, zoals in de Verenigde Staten. In de VS is de beste zorg bijna helemaal privaat georganiseerd. Wie arm is, heeft er nauwelijks toegang en krijgt ook vaak slechtere zorg. Met *Obamacare* wordt geprobeerd deze ongelijkheid tegen te gaan.

Een systeem waar de zorg voor iedereen gelijk is, wordt gauw bureaucratisch. Dat is een nadeel, want dan is het moeilijker om maatwerk te leveren. Groot-Brittannië heeft een nationaal gezondheidssysteem, de National Health Service (NHS). Deze staatszorg is voor iedereen toegankelijk en er ligt veel nadruk op uniformiteit, wat ten koste gaat van innovatie en flexibiliteit. Daarnaast bestaat er een winstgevende private sector. Maar dat stelsel is juist niet voor iedereen toegankelijk.

Het gaat om de balans. Te veel overheid leidt tot bureaucratie. Te veel markt betekent toenemende ongelijkheid. Het evenwicht tussen beide benaderingen is daarom cruciaal.

Hoe is het in Nederland geregeld?

Nederland kent van oudsher een combinatie van private zorg en sterke overheidssturing. Tot 2006 was bijna twee derde van de Nederlanders via het ziekenfonds verzekerd. Onder een bepaald inkomen moesten ze zich verplicht verzekeren bij een ziekenfonds. Nederlanders die meer verdienden dan de ziekenfondsgrens konden zelf beslissen of zij een particuliere verzekering tegen ziekte wilden afsluiten. Nederland was verdeeld in een groep die weinig zelf te beslissen had en aan meer regels moest voldoen, omdat die bij het ziekenfonds verzekerd was en een groep die wel kon kiezen. Dat waren de particulier verzekerden. Overigens viel dat kiezen tegen. Zeker in de jaren negentig van de vorige eeuw werd het verschil tussen ziekenfondsverzekerden en particulier verzekerden kleiner.

Eind vorige eeuw veranderde het beleid van de overheid. De nadruk kwam te liggen op de mondige burger die zelf moest kiezen. Deze trend heet de marktbenadering of liberalisering. Van liberalisering is sprake als de overheid zich terugtrekt en regels introduceert waardoor concurrentie wordt toegestaan en drempels voor nieuwe toetreders op een markt worden verlaagd. De nieuwe aanpak had gevolgen voor de hele samenleving en ook voor de gezondheidszorg.

In 2006 is de Zorgverzekeringswet ingevoerd. Deze wet gaat uit van gereguleerde marktwerking. Het verschil tussen ziekenfondsverzekerde en particulier verzekerde is weggevallen. De basisverzekering en het basispakket werden ingevoerd, de uitvoering van die basisverzekering werd in handen gelegd van zorgverzekeraars. Door 'selectief' zorg in te kopen, moesten die verzekeraars zich van elkaar gaan onderscheiden. De bedoeling was dat de verzekerden daardoor gericht konden kiezen voor de zorgverzekeraar die zorg voor de beste kwaliteit en prijs had ingekocht.

In de praktijk heeft dit anders uitgepakt. Er is veel kritiek op de marktwerking in de zorg. De zorgverzekeraars, die zich als de regisseurs van de zorg beschouwen, hebben scherp ingekocht. Maar door in de onderhandelingen met de zorgaanbieders de duimschroeven steeds verder aan te draaien, hebben ze talloze bestuurders en medisch specialisten van zich vervreemd. Regelmatig wordt geconstateerd dat zowel medici als consumenten terug willen naar het oude, vertrouwde ziekenfonds waar elke verzekerde gelijk was.

Nederland heeft inmiddels een heel eigen systeem. Wereldwijd hebben wij zelfs het meest private stelsel van gezondheidszorg. Het Nederlandse zorgsysteem van gereguleerde marktwerking is een privaat stelsel met publieke randvoorwaarden. Daarbij wordt een vorm van concurrentie toegestaan. De zorgmarkt is geprivatiseerd, zoals dat heet. Daardoor kunnen private zorgverzekeraars, ziekenhuizen, zorginstellingen en toeleveranciers in principe meer met elkaar concurreren.

In de praktijk valt het vooralsnog reuze mee met die concurrentie, want er zijn regels en grenzen gesteld aan de vrijheid. Bovendien werkt die concurrentie slechts één kant op: de zorgverzekeraars hebben de vrijheid om een zorgaanbieder niet te contracteren. Andersom is lastig, want als een ziekenhuisbestuur laat weten patiënten van een bepaalde verzekeraar geen dure kankermedicijnen meer te willen verstrekken, dan zijn de poppen aan het dansen.

Toetreding van een nieuwe zorgverzekeraar is bijna onmogelijk gebleken door de absurd hoge eisen die bijvoorbeeld De Nederlandsche Bank aan zo'n nieuwkomer stelt. En ziekenhuizen mogen bijvoorbeeld nog altijd geen winst maken. Bovendien houden de overheid, de zorgverzekeraars en een reeks actieve toezichthouders een stevige vinger in de pap. Want bij regels hoort handhaving.

Een heuse, open markt ontbreekt nog steeds in de zorg. Toch begint de beperkte, want georganiseerde 'markt' langzaam maar zeker te werken. Bij toeleveranciers is sprake van scherpe concurrentie. En tien jaar na introductie van de Zorgverzekeringswet raken ziekenhuizen die bij sommige behandelingen minder goed presteren marktaandeel kwijt aan nabijgelegen concurrenten die het beter doen. Juist in krimpgebieden ontstaan intussen boeiende particuliere zorginitiatieven.

Over het geheel genomen is de selectieve inkoop van zorg als aanjager van de marktwerking evenwel nauwelijks van de grond gekomen. Er is nog altijd te weinig inzicht in de prijs en de kwaliteit van de zorg. Bovendien is er nauwelijks sprake van een markt door de concentratie van zorgverzekeraars en zorgaanbieders.

De kritiek op het huidige systeem neemt toe. Zowel door zorgaanbieders als door burgers. Daarbij komt dat discussies over de beloning voor bestuurders en over de kwaliteit van de langdurige zorg worden gedomineerd door uiteenlopende opvattingen over de marktwerking.

Waar moet de zorg wettelijk aan voldoen?

In artikel 22 van de grondwet staat dat de overheid 'maatregelen treft ter bevordering van de volksgezondheid'. De minister van Volksgezondheid, Welzijn en Sport (VWS) is ervoor verantwoordelijk dat deze maatregelen worden bedacht en uitgevoerd. Om de volksgezondheid te bevorderen, kiest de overheid voor toegankelijke, betaalbare en kwalitatief goede zorg voor iedereen (*Nationaal Kompas Volksgezondheid*, versie 23 juni 2014). Een hele mond vol. In de praktijk betekent dit dat er ongeveer dertig wetten zijn waarmee de overheid de gezondheidszorg en het zorgstelsel regelt.

Bij de gezondheidszorg gaat het in eerste instantie over de kwaliteit van de zorg. Daarom zijn er wetten gemaakt waarin eisen worden gesteld aan de kwaliteit van zorginstellingen en hulpverleners. Het is bijvoorbeeld niet toegestaan om zomaar medisch onderzoek te doen bij mensen, al worden die regels steeds vaker als knellend ervaren. Aan medisch ethische gevoelige onderwerpen zoals zwangerschapsonderbreking en euthanasie worden eveneens hoge wettelijke eisen gesteld.

Wie maakt de wetten voor de zorg?

De wetgever maakt de wetten. In Nederland bestaat de wetgever uit de regering, formeel de 'Kroon', en de beide kamers van de Staten-Generaal (het parlement). Regering en parlement zijn samen bevoegd wetten uit te vaardigen; een wet treedt alleen in werking als zowel de Kroon als de Tweede en de Eerste Kamer die goedkeuren. De regering, feitelijk de uitvoerende macht, speelt een steeds belangrijker rol bij de totstandkoming van wetten. Zij dient wetten in bij het parlement.

Het parlement keurt een wet goed of het wijst die af, al gebeurt dat laatste niet vaak. Het parlement is de wetgevende macht, het mag elke wet die wordt ingediend toetsen aan de Grondwet. Het kan ook een ingediend wetsvoorstel aanpassen of zelf een wetsvoorstel indienen. Volgens de website *Parlement & Politiek* kan elk besluit dat algemeen verbindende formele voorschriften bevat, worden beschouwd als een wet.

Het komt steeds vaker voor dat wetten worden ingetrokken of op de valreep worden aangepast, constateert politiek redacteur Eric Vrijsen van *Elsevier* in zijn boek *Anatomie van de macht. Wie besturen Nederland en hoe oefenen zij invloed uit?* (2015). Doordat er de afgelopen jaren zoveel verschillende kabinetten aan de macht zijn geweest, buitelen de wetsvoorstellen bovendien over elkaar heen. "Nota's van wijzigingen of overgangsbepalingen maken alles nog ingewikkelder", aldus Vrijsen. Hij citeert vicepresident Piet Hein Donner (CDA) die in het jaarverslag van de Raad van State over 2013 droogjes opmerkt dat wetgeving een 'wegwerpartikel' wordt. Een juiste constatering, want ook in de zorgsector is het niet veel beter gesteld.

Wie voert de wet uit?

In de praktijk bestaat er een scheiding tussen wetgeving en uitvoering. Dat onderscheid is in de jaren negentig van de vorige eeuw ontstaan. Het heeft te maken met het 'paarse' marktdenken onder PvdA-premier Wim Kok. Sindsdien stelt de overheid de kaders vast via wetgeving, terwijl de uitvoering gedecentraliseerd wordt overgelaten aan (semi-) private partijen en gemeenten. Toezichthouders, de handhavers van de regels, zijn tussen de wetgever en de uitvoerders geschoven. Zij moeten als een soort scheidsrechter of marktmeester leidinggeven aan het marktspel. Die constructie houdt de landelijke overheid uit de wind.

Het gevolg is dat de minister zich niet meer bezig hoeft te houden met de uitvoering van de zorg. Dat hebben veel Kamerleden als antwoord gekregen op hun vragen over deze ontwikkeling. Door de sterke scheiding tussen beleid en uitvoering neemt de invloed van de uitvoerders op het beleid toe. Dat is fnuikend voor de rol en invloed die de burger geacht wordt te hebben. Overigens kan die burger door zich te organiseren inspraak en invloed krijgen.

Vooral de decentralisatie-operatie wringt. Om te bezuinigen heeft de landelijke overheid allerlei taken afgestoten. Dus zijn er drie opeenvolgende decentralisaties doorgevoerd in het 'sociaal domein'. Gevolg? Sinds 2015 zijn gemeenten verantwoordelijk voor zorg, werk en jeugdhulp. De achterliggende gedachte is dat gemeenten dichter bij de burger staan en veel beter dan bijvoorbeeld zorgkantoren of indicatie-organen de benodigde zorg kunnen vaststellen. Daarbij wordt ook gekeken naar de mogelijkheden van mantelzorgers en vrijwilligers om zorg te verlenen.

In de praktijk levert dit veel problemen op bij de uitvoering, vooral in de jeugdzorg, de gespecialiseerde geestelijke gezondheidszorg en de verstandelijk gehandicaptenzorg. Zorgaanbieders moeten tientallen gemeenten af om contracten op te stellen voor soms maar een paar cliënten. Dat leidt tot vermindering van de kwaliteit van de zorg. Ook de thuiszorg is met de decentralisatie in woelig vaarwater terechtgekomen. Thuiszorgorganisaties zijn failliet gegaan. De kwaliteit van de langdurige zorg, zoals die is geregeld in de Wet langdurige zorg (Wlz), staat ter discussie. Bij de invoering van de Wet maatschappelijke ondersteuning (Wmo) lijkt sprake te zijn van een revolutie van bovenaf. Niet gebaseerd op wat de burger wil, maar op wat de beleidsmakers bedacht hebben.

Een voorbeeld hiervan is het rapport van de Nationale Ombudsman over de persoonsgebonden budgetten (*Pgb-trekkingsrecht en de (niet)lerende overheid*) uit 2015. Volgens ombudsman Reinier van Zutphen heeft de overheid structureel te weinig oog voor het belang van de burger. In de kern is zijn rapport 'één lange, ononderbroken tirade tegen de burgerhaat en het falen van de overheid', concludeert columniste Sheila Sitalsing in *de Volkskrant* (26 augustus 2015). Veel wetgeving, veel kaders, maar nauwelijks aandacht voor de uitvoering. Laat staan voor de patiënt.

Welke wetten zijn er in de zorg?

Om goede zorg te kunnen verlenen, moeten de organisatie en de financiering van de zorg naar volle tevredenheid zijn geregeld. Ook daarvoor maakt de wetgever wetten. De belangrijkste en bekendste wetten in de gezondheidszorg zijn de Wet maatschappelijke ondersteuning (Wmo), de Zorgverzekeringswet (Zvw), de Wet marktordening gezondheidszorg (Wmg) en de Wet langdurige zorg (Wlz). Delen van de beëindigde Algemene Wet Bijzondere Ziektekosten (AWBZ) en de Jeugdwet zijn in 2015 overgegaan naar de aangepaste Wet maatschappelijke ondersteuning (Wmo 2015).

Sindsdien zijn de gemeenten verantwoordelijk voor de jeugdzorg voor kinderen tot 18 jaar. Kinderen die zwaardere vormen van zorg nodig hebben, houden aanspraak op de Wlz. In het kader van de Wmo zijn de gemeenten verantwoordelijk voor ondersteuning van mensen die niet op eigen kracht zelfredzaam zijn.

Het gaat hier om begeleiding en dagbesteding en om ondersteuning van de mantelzorger. De gedachte achter deze wet is dat burgers vaker een beroep moeten doen op hun familie of de buurt. De gemeente bepaalt of er gebruik mag worden gemaakt van de voorziening zoals die in de Wmo en de Jeugdwet is geregeld, volgens het principe van 'op is op'.
In de praktijk gaat dat niet soepel. Steeds vaker moet de rechter beoordelen of een gemeente de zorg terecht heeft afgewezen. Het bijzondere van deze wetten is dat de burger geen recht op zorg meer heeft, doordat verzekerde zorg nu eenmaal een voorziening is geworden.
Dat is anders dan bij de Zorgverzekeringswet en de voormalige AWBZ, daar heeft de burger wel recht op zorg. De Wet langdurige zorg is bestemd voor mensen die de hele dag intensieve zorg of toezicht dichtbij nodig hebben. Deze wet wordt uitgevoerd via de zorgkantoren. Dat zijn niet-concurrerende uitvoeringsorganen die namens de zorgverzekeraars taken uitvoeren op het gebied van de langdurige zorg. Een zorgkantoor is in de meeste gevallen verbonden met de grootste zorgverzekeraar in de regio. Hier is geen sprake van gereguleerde marktwerking, omdat deze zorgkantoren geen financieel risico lopen.

Wie voert de andere wetten uit?

De zorgverzekeraars zijn direct verantwoordelijk voor de uitvoering van de Zorgverzekeringswet en indirect, via de zorgkantoren, voor de uitvoering van de Wet langdurige zorg. De Zorgverzekeringswet is in 2006 geïntroduceerd. Zij vervangt zowel de Ziekenfondswet, die in 1941 werd ingevoerd, als het stelsel van particuliere verzekeringen.
De kern van de Zorgverzekeringswet is dat zorgverzekeraars namens hun verzekerden optreden als inkopers van zorg. In deze wet staat dat iedereen die in Nederland woont of hier belasting betaalt verplicht is een basisverzekering af te sluiten.

Zorgverzekeraars op hun beurt dienen alle verzekerden te accepteren, ze hebben een zogenoemde acceptatieplicht. Dat wordt mogelijk gemaakt door het risicovereveningssysteem. Zorgverzekeraars worden gecompenseerd als ze veel chronisch zieke verzekerden hebben of verzekerden met een hoog risico op ziekte. Dan krijgen ze extra geld. Het vereveningstelsel is uniek in de wereld. De Zorgverzekeringswet is een private verzekering met publieke randvoorwaarden. Dit betekent dat de zorgverzekeraars aan een aantal publieke voorwaarden moeten voldoen. De wet gaat uit van gereguleerde marktwerking, een betere kwaliteit en lagere kosten. Daarmee is de bestaande regulering van vraag en aanbod vervangen door vraagsturing en concurrentie met vrije prijzen. In de praktijk is daar niet al te veel van terechtgekomen. De kwaliteit van zorg was vaak al prima, de zorg is nog steeds geen echte markt en de kosten zijn sinds 2006 flink gestegen. Tegelijkertijd is er een ondoorgrondelijk landschap ontstaan met tientallen onbegrijpelijke afkortingen, soms verlammende regels en protocollen en een niet altijd even overtuigend toezicht.

De Wet marktordening gezondheidszorg (Wmg) regelt tenslotte de ontwikkeling, ordening en het toezicht op de markten voor gezondheidszorg. In deze wet uit 2006 staat dat de Nederlandse Zorgautoriteit (NZa) toezicht houdt op de markten voor zorg. De Wmg geeft aan wat de taken en bevoegdheden van de NZa zijn. Er staat ook in dat de NZa steeds het belang van de consument voorop moet stellen. In de praktijk is daar vooralsnog weinig van te merken.

Wie let erop dat iedereen zich aan de wet houdt?

Veel wetten hebben, betekent dat er veel toezicht nodig is. Bijna elke wet heeft zijn eigen toezichthouder. De leek loopt hier geheid in vast, maar wie 'A' zegt, moet ook 'B' zeggen. Daarom hier één voor één alle toezichthouders op een rij. Voor de kwaliteit van de zorg is de Inspectie voor de Gezondheidszorg (IGZ) verantwoordelijk. De IGZ handhaaft de minimale kwaliteit van zorg, preventie en medische producten.

Het Zorginstituut Nederland (ZIN) houdt toezicht op de verdeling van het geld over de zorgverzekeraars. Daarnaast adviseert het de minister over de inhoud van het verplicht verzekerde basispakket.

Het toezicht op de naleving van de spelregels voor de markt is gedelegeerd aan de Autoriteit Consument & Markt. De ACM let erop dat zorgbedrijven zich aan die spelregels houden, zoals bij de inkoop van zorg en bij voorgenomen fusies. De Nederlandsche Bank (DNB) let op de financiën. De Nederlandse Zorgautoriteit (NZa) reguleert de omschrijving voor de vereiste prestaties en de tarieven in de zorg. De Nza controleert en ziet erop toe dat de zorgverzekeraars zich aan alle voorwaarden van de wet houden.

Iedereen die professioneel met zorg te maken heeft, loopt vast in dit woud van toezichthouders. En dan zijn er nog de Autoriteit Financiële Markten (AFM) en de Autoriteit Persoonsgegevens voor de privacy.

Daar komt bij dat de aanbieders, de zorgverzekeraars en de toezichthouders voortdurend met elkaar in discussie zijn over de vraag wie waarover gaat en welke regel waarvoor is bedoeld, zonder dat er duidelijk is wat ieder van hen precies kan of mag. Deze stapeling van toezicht op toezicht maakt zowel de betrokkenen als elke goedwillende burger kopschuw.

En nog kan het niet op. De ministers houden bovendien toezicht op de toezichthouders die onder hun toezicht vallen. Neem de IGZ die in 2004 tijdelijk en in 2013 bijna opnieuw onder curatele werd gesteld van het departement van Volksgezondheid, Welzijn en Sport. Ministers sturen bovendien aan, zoals dat heet. Deze rollen lopen door elkaar. Het parlement plaatst dus regelmatig vraagtekens bij de werking van de gereguleerde marktwerking.

Wat doet de zorgverzekeraar?

Zorgverzekeraars kopen zorg in bij de zorgaanbieders. Zo wordt dat genoemd. Een aanbieder van zorg kan een huisarts zijn, een fysiotherapeut, een verpleeghuis, een ziekenhuis of een medisch specialist in een particuliere kliniek. De onderhandelingen tussen zorgverzekeraars en zorgaanbieders verlopen niet altijd even zachtzinnig. Zorgverzekeraars wordt verweten te scherp in te kopen. Zorgaanbieders zijn daar soms erg ongelukkig over. Verzekeraars moeten daar rekening mee houden.

Bovendien zijn hun klanten, de burgers, wispelturiger en veeleisender dan ooit. Elk jaar kunnen zij kiezen voor een zorgverzekeraar. Zij kunnen 'stemmen met de voeten'. De gedachte is dat verzekerden kiezen voor de zorgverzekeraar die het beste de zorg inkoopt.

Was dat maar waar. Veel mensen kiezen eerder voor de McDonald's dan voor een vijfsterrenrestaurant. Vooralsnog benut dus niet iedereen deze vrijheid, want aan het eind van het verzekeringsjaar stapt slechts een relatief klein deel van de verzekerden over naar een andere zorgverzekeraar. Dat zijn vaak verzekerden die collectief verzekerd zijn. In 2015 wisselden uiteindelijk meer dan 1 miljoen mensen van zorgverzekeraar.

De zorgverzekeraars vertellen u graag dat zij op de kwaliteit van zorg letten en hun inkoopbeleid daarop afstemmen. In de praktijk is dat nog nauwelijks het geval en blijkt de prijs van een behandeling doorslaggevend. Burgers kunnen de zorgverzekeraars dus niet goed beoordelen op de kwaliteit van hun zorginkoop. Daarvoor zijn er publiekelijk ook veel te weinig gegevens bekend over hoe goed of slecht een zorgaanbieder is, zoals bijvoorbeeld een medisch specialist.

Alle zorgverzekeraars samen boden in 2015 bovendien ongeveer 1.500 verschillende polissen aan. Een verzekerde ziet dan door de bomen echt het bos niet meer. Ook toezichthouder NZa is zich hiervan bewust. "Er zijn inderdaad erg veel keuzemogelijkheden", constateert de NZa in de *Marktscan Zorgverzekeringsmarkt 2015*. Wij stellen: zolang er geen einde wordt gemaakt aan deze wildgroei, kan de verzekerde niet uit volle overtuiging kiezen. Begrijpelijk dat burgers hier kritiek op hebben. Want wie geen goed inzicht heeft, wordt algauw wantrouwend.

Blijven wetten altijd geldig?

De wetgeving staat steeds ter discussie. Dat geldt vooral voor de wetten die over de organisatie van de zorg gaan. Wetgeving komt niet uit de lucht vallen. Wetten hebben te maken met wat burgers belangrijk vinden en vooral hoe zij zichzelf en anderen zien. Het maakt verschil of iemand vindt dat burgers zo veel mogelijk zelf moeten regelen, of dat de overheid veel van bovenaf moet regelen. Neem het beroepsgeheim van de artsen. Dat is een belangrijke regel waar politici en beleidsmakers soms aan willen knabbelen, bijvoorbeeld als er sprake is van het vermoeden van fraude. In Nederland wordt er door de ministeries van Volksgezondheid, Veiligheid en Justitie en Sociale Zaken over nagedacht om verzekeringsartsen te verplichten inzage te geven in de vertrouwelijke medische dossiers van hun cliënten. Als er fraude wordt vermoed, zijn die dokters verplicht hun geheimhouding te verbreken, zij het met enkele beperkingen. Zo mag de arts niet méér informatie vrijgeven dan noodzakelijk is en moet de melding 'proportioneel' zijn, aldus *de Volkskrant* (19 juli 2015).

Is regelgeving overbodig of noodzakelijk?

De nadruk op de marktbenadering heeft grote gevolgen voor de regelgeving in de gezondheidszorg. Partijen die met elkaar onderhandelen, moeten over wederzijdse informatie beschikken. Bovendien wil de zorgverzekeraar als inkoper van de zorg weten of er daadwerkelijk wordt geleverd wat er is afgesproken.
Artsen, verpleegkundigen en verzekerden mopperen vaak op de regelgeving. Niet iedereen kan tegenwoordig zomaar naar elk ziekenhuis. Dat komt door het soort polis dat de verzekerde heeft afgesloten. Als u een budgetpolis heeft, heeft de zorgverzekeraar waar u bent verzekerd met een beperkt aantal ziekenhuizen een contract afgesloten. Is er geen contract met het ziekenhuis of de medisch specialist waar u graag heen wilt, dan hoeft de zorgverzekeraar niet alles meer te vergoeden. In de praktijk knijpt de zorgverzekeraar weleens

een oogje dicht. Dan wordt er toch betaald, al moet elke verzekerde van tevoren goed nagaan welke zorg op welke plek wordt vergoed en de kleine lettertjes van zijn zorgpolis spellen om de voorwaarden te achterhalen. Het maakt nogal wat uit of u een naturapolis heeft waarbij de zorgverzekeraar zorgplicht heeft dan wel een restitutiepolis waarbij de zorgverzekeraar alleen een betaalplicht heeft. Een klus die niet in een half uurtje aan de keukentafel kan worden afgehandeld. Ook dat werkt de afkeer van burgers in de hand. Wie nog geen patiënt is, wil genieten van zijn bestaan en liever helemaal niets weten van dit soort ondoorgrondelijke zaken.

Is regelgeving een zegen?

Meer marktwerking vraagt om meer regelgeving. En meer regelgeving kan ergerlijk zijn, omdat het te veel bureaucratie oplevert. Dat hoeft niet, als de overheid de zorgverzekeraars en de zorgorganisaties van elkaar weet te scheiden. In dat geval kan er beter worden ingespeeld op wat de burger wil. De uitvoerders als ziekenhuizen en artsen krijgen dan meer vrijheid. Helaas moeten die uitvoerders wel weer worden gecontroleerd. Leveren ze inderdaad wat er afgesproken is en leveren ze de afgesproken minimumkwaliteit?
In eerste instantie ligt die controle bij de toezichthouders. Toch heeft ook de burger er belang bij dat die controles plaatsvinden. Denk aan de veiligheid in ziekenhuizen. Regelgeving is sterk afhankelijk van onderling vertrouwen. Als mensen elkaar wantrouwen, ontstaat er regelgeving die ervan uitgaat dat partijen het slechtste willen.
Regelgeving gebaseerd op wederzijds vertrouwen ziet er heel anders uit. Dan ga je regelmatig met elkaar rond de tafel zitten. Op basis van het onderlinge vertrouwen probeert iedereen dan nog beter te functioneren. Voorwaarde is dat alle betrokkenen gelijkwaardig zijn en bevoogding wordt gereduceerd tot een verzinsel uit het verleden.

Zijn er te veel regels?

Ja. Veel te veel. Het probleem in de zorg is dat veel zaken onnodig ingewikkeld worden gemaakt. Dat is lastig voor patiënten en zorgaanbieders, voor de zorgverzekeraars en de toezichthouders. Ook de accountants die de boeken moeten controleren, hebben grote moeite met de uitdijende regelgeving in de zorg. In een interview met *de Volkskrant* zei Huub Wieleman, voorzitter van de Nederlandse beroepsorganisatie voor accountants NBA, dat achter veel regels ooit een goed idee schuilging. Maar bij elkaar opgeteld vormen al die regels samen 'een slecht functionerend en inefficiënt geheel' (19 mei 2015). Wieleman constateert dat de partijen in de zorg iets simpels zinloos ingewikkeld maken. Hij heeft het nooit precies berekend, maar volgens hem kost de opgetuigde bureaucratie in de zorg miljoenen euro's per jaar. En misschien wel veel meer. Regels voor de vergoeding van een behandeling in een ziekenhuis worden soms tot vijf jaar met terugwerkende kracht aangepast, weet hij. "Als accountant kun je een jaarrekening met zulke onzekerheden eigenlijk niet aftekenen."

Leiden de vele regels tot meer wantrouwen?

Het onderlinge wantrouwen in de gezondheidszorg is groot. Dat wantrouwen neemt toe, doordat vaak niet duidelijk is wie waarover gaat. Zorgverzekeraars lijken zorgaanbieders niet te vertrouwen en omgekeerd is dat eveneens het geval. Wij als burgers wantrouwen weer de zorgverzekeraars. Zij zouden bijvoorbeeld te veel winst maken, de ziekenhuizen afknijpen en niet willen luisteren naar de wensen van de patiënten. Al dat wantrouwen over en weer leidt tot steeds meer regelgeving die op zijn zachtst gezegd veel geld en tijd kost, maar vooral het onderlinge wantrouwen versterkt.

Alle toezichthouders willen op hun eigen wijze worden geïnformeerd. Iedere partij heeft bovendien eigen controlemechanismen. Daardoor nemen de verschillen toe en verdwijnt het gemeenschappelijke doel uit het zicht.

Terwijl het in de zorg juist gaat om samenhang, onderlinge afhankelijkheid en wederzijdse betrokkenheid.

Over dit thema schreef Pauline Meurs in 2014 een belangwekkend essay: *Van regeldruk naar passende regels. Vertrouwen Verantwoordelijkheid Vrijheid*. Meurs is een invloedrijke speler in de gezondheidszorg. Zij was Eerste Kamerlid voor de PvdA. Ze is hoogleraar bestuur van de gezondheidszorg aan de Erasmus Universiteit. En sinds 1 september 2014 is zij voorzitter van de gerenommeerde Raad voor Volksgezondheid en Samenleving (RVS).
Pauline Meurs weet dat er al jaren wordt geklaagd over de publieke sector, over de vermeende overdaad aan regels, een te grote 'verantwoordingslast' en over de bureaucratie in het algemeen. Zij erkent dat de regeldruk in de zorgsector tot veel ongemak leidt. Neem alleen de jaarlijkse controles van de uitgaven, de verschillende financieringsstromen, de vele protocollen, de boekwerken vol richtlijnen en de stapeling van toezicht. Ook volgens haar is de zorg daardoor onnodig duur.

Wat heeft de burger aan al die regels?

Regels zijn bedoeld om de toegang tot de zorg, de kwaliteit en de financiering te regelen. Zodat alle partijen weten waar ze aan toe zijn en de burger weet waar hij recht op heeft. Al die regels hebben hun prijs. Dat is irritant. Burgers betalen niet slechts de zorgpremies, ze krijgen evenmin altijd de kwaliteit van de zorg die wenselijk is. Dat komt mede doordat dokters van alles moeten registreren. Intussen worden de protocollen steeds belangrijker, zelfs als ze van middelmatige kwaliteit zijn, wat kritische specialisten dan ook graag beweren. In een protocol wordt precies vastgelegd hoe er moet worden behandeld. Op het eerste gezicht is daar niets mis mee. Maar het accent ligt steevast op de afrekening op het gemiddelde. In haar rapport *Bewijzen van goede dienstverlening* uit 2004 heeft de Wetenschappelijke Raad voor het Regeringsbeleid (WRR) het al over de dictatuur van de middelmaat. Terwijl er juist in de gezondheidszorg sprake is van een afwijking van de middelmaat, omdat elk mens uniek is, geen enkele vorm van kanker exact hetzelfde is en er altijd afwijkingen van de norm plaatsvinden.

Regelgeving is noodzakelijk om te garanderen dat ieders rechten en plichten duidelijk vastliggen. Dat veronderstelt vertrouwen en duidelijkheid over de vraag wie waarover gaat. Burgers kunnen daarin een veel grotere rol spelen dan tot nu toe het geval is. Volgens de WRR is ontsluiting van informatie een belangrijke voorwaarde om de rol van cliënten als effectieve tegenspeler te laten functioneren. In haar conclusies vat de raad dit als volgt samen: "Cliënten dienen te beschikken over informatie over de kwaliteit van de dienstverlening. Deze informatie moet helpen om keuzes te maken of om meer inzicht te krijgen in het beleid van de organisatie waar men mee te maken heeft."

Hoe kan de burger meer te vertellen krijgen?

Burgers moeten meer te vertellen hebben in de zorg. Dat is al jaren het streven. Die rol kan worden opgeëist als zowel de zorgverzekeraars als de zorgaanbieders worden verplicht om burgers daadwerkelijk invloed te geven op de zorg en op de organisatie van de zorg.

De overheid belijdt veel met de mond, maar zij aarzelt nog altijd een substantieel deel van haar feitelijke macht in de zorg af te staan aan de burgers. Uit angst voor een verdere stijging van de kosten wordt de keuzevrijheid van de burgers afgeremd. De zorgverzekeraars bewegen zich eindelijk, ze geven toe dat ze niet op kwaliteit kunnen sturen. Intussen doen sommige zorgaanbieders hun best de patiënt te betrekken bij de behandeling. Dat heet gezamenlijke besluitvorming. Maar andere dokters blijven zich hullen in een waas van medische onaantastbaarheid en achterhaald paternalisme.

Toch realiseren alle partijen zich dat het vertrouwen van de burger in de zorg moet toenemen. Want zonder de actieve inzet van de burger neemt de samenhang in de samenleving niet toe. In haar essay pleit Pauline Meurs ervoor de rechten van de cliënt te versterken. Zij wil dat er wordt geïnvesteerd in de

In welke wetten is dit geregeld?

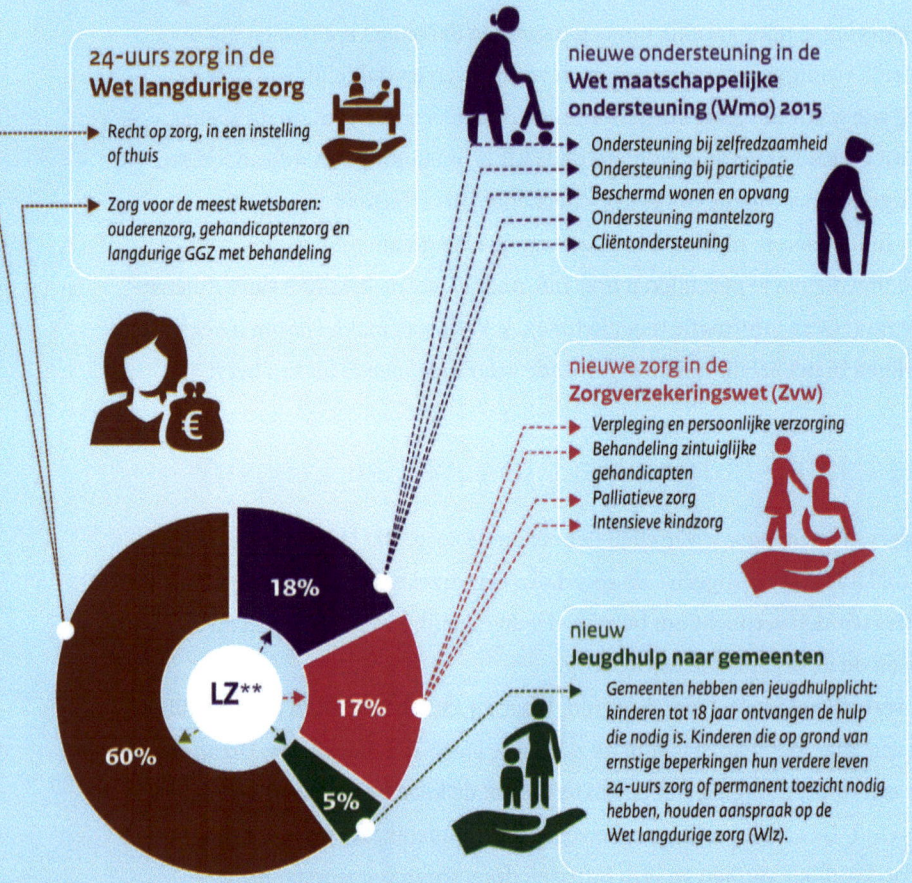

24-uurs zorg in de Wet langdurige zorg
- Recht op zorg, in een instelling of thuis
- Zorg voor de meest kwetsbaren: ouderenzorg, gehandicaptenzorg en langdurige GGZ met behandeling

nieuwe ondersteuning in de Wet maatschappelijke ondersteuning (Wmo) 2015
- Ondersteuning bij zelfredzaamheid
- Ondersteuning bij participatie
- Beschermd wonen en opvang
- Ondersteuning mantelzorg
- Cliëntondersteuning

nieuwe zorg in de Zorgverzekeringswet (Zvw)
- Verpleging en persoonlijke verzorging
- Behandeling zintuiglijke gehandicapten
- Palliatieve zorg
- Intensieve kindzorg

nieuw Jeugdhulp naar gemeenten
Gemeenten hebben een jeugdhulpplicht: kinderen tot 18 jaar ontvangen de hulp die nodig is. Kinderen die op grond van ernstige beperkingen hun verdere leven 24-uurs zorg of permanent toezicht nodig hebben, houden aanspraak op de Wet langdurige zorg (Wlz).

LZ** — 60% / 18% / 17% / 5%

* Deze infographic is een vereenvoudigde weergave van de hervorming langdurige zorg.
** De uitgaven van de langdurige zorg (lz) in 2013 bedragen ca. € 28,5 miljard (AWBZ en Wmo-Huishoudelijke hulp).

Infographic hervorming langdurige zorg.
Bron: Ministerie van Volksgezondheid, Welzijn en Sport, © 2015.

onderlinge relaties en wederzijds respect voor ieders positie. Wij zijn het hartgrondig met haar eens. Wie aanvaardbare oplossingen wil, moet alle partijen serieus nemen en serieuze bruggenbouwers de ruimte geven. "Ingewikkelde vraagstukken worden zelden opgelost door procedures, afspraken en lastenberekeningen. Evenmin door structuren de schuld te geven", schrijft Meurs. Ook wij zijn voor meer samenwerking, al zeggen wij dat net iets anders. Wij roepen de burgers, de overheid, de zorgverzekeraars en de zorgaanbieders op elkaar meer te gunnen. Draag bij aan een oplossing, schuif de schuld niet steeds af op anderen. Geef de burger de ruimte die hij verdient. En werk vooral samen. Want de keerzijde van de optimale ruimte voor de burger is dat de familie van een patiënt bijvoorbeeld een levertransplantatie afdwingt, terwijl de medisch specialisten die om allerlei legitieme redenen afwijzen, maar er niet tegenin durven te gaan. Een horrorscenario.

Chris Oomen:

"DE BURGER MOET EEN PODIUM KRIJGEN"

"De Nederlandse gezondheidszorg is het zorgenkindje van de politiek. Het grootste geschilpunt is of er marktwerking moet zijn. Kul. In de zorg heeft alles met marktwerking te maken: de accountants, de apparaten van Philips en Siemens. Bureaustoelen, bedden, zelfs het eten dat er wordt binnengebracht: alles wordt op een markt gekocht. En ook mensen die daar werken, concurreren met elkaar om hun loon."

Chris Oomen (1949) is bestuursvoorzitter van de kleine zorgverzekeraar DSW in Schiedam (530.000 verzekerden). Hij wil burgers een stem geven. "In het zorgstelsel heeft de patiënt in ieder geval de keuze om zelf een zorgverlener en een zorgverzekeraar te kiezen. Ook dat is marktwerking."

"Zolang dit zo blijft, is het goed. Dat wil de meerderheid van de burgers. De grote zorgverzekeraars willen dat niet. Ze zeggen: 'Bekeer je tot ons, bij ons is die keus in betere handen'. Terwijl de verzekerde eerder de zorgaanbieder vertrouwt dan de verzekeraar."

In 2014 kwam Oomen in aanvaring met zijn collega-zorgverzekeraars die verenigd zijn in brancheorganisatie Zorgverzekeraars Nederland (ZN). Het ging onder meer over de vrije artsenkeuze. Oomen wilde die per se overeind houden, ZN wilde ervan af. De ruzie is bijgelegd, maar nog altijd heeft hij moeite met de machtsconcentratie van de vier grote zorgverzekeraars Zilveren Kruis, VGZ, CZ en Menzis, die ruim 90 procent van de markt onder elkaar hebben verdeeld.

Oomen neemt geen blad voor de mond. "Bij een marktmodel horen ondernemers. Maar de meeste zorgverzekeraars en bestuurders van zorginstellingen zijn geen ondernemers." Er zijn uitzonderingen. "De Frankelandgroep in Schiedam wordt geleid door echte ondernemers."

"Loek Winter van de IJsselmeerziekenhuizen is een ondernemer, net als Jaap Maljers van de Bergman Clinics en orthopeed Marcel Driessen. De rest is zo bang dat ze aan het fuseren zijn geslagen. Ziekenhuisbestuurders fuseren uit angst voor de zorgverzekeraar. Als dat overal gebeurt, is het zorgsysteem snel kapot."

Bijna alle ziekenhuizen zijn stichtingen. Daardoor is er niemand de baas in het ziekenhuis. "Een stichting is het meest ondemocratische bestuursmodel. Er is een raad van bestuur en een raad van toezicht die aan niemand verantwoording aflegt. Voortdurend worden bestuurders de laan uitgestuurd, zonder dat zij zich ergens op kunnen beroepen."

"Vaak gebeurt dat omdat de voorzitter van de raad van toezicht vreest dat de medische staf herrie gaat maken. Als het ziekenhuis goed georganiseerd zou zijn, was de raad van bestuur echt de baas, net als in een bedrijf. Doet het bestuur het niet goed, dan is de bank de baas. Want die wil zijn geld niet weggooien."

Oomen is erop tegen dat medisch specialisten meer te zeggen krijgen. "Een participatiemodel waarin medisch specialisten mede-eigenaar van het ziekenhuis worden, werkt niet. Dat is de dood in de pot. Medisch specialisten zijn niet zakelijk. Zodra ze meer te zeggen krijgen, gaan ze met elkaar vergaderen. Of ze liggen de hele dag met elkaar in de clinch."

In een eerder leven richtte hij onder andere beurshandelsbedrijf Optiver op. Door zijn ondernemingen werd hij welvarend. "Waarom onderneem ik nog verschillende dingen? Ik wil winnen. Niks anders. Geld interesseert me niet. Ik wil operational excellence. Daarvoor heb je uitmuntende mensen nodig, individuen die het initiatief durven nemen."

"Denk aan kankeronderzoeker Hans Clevers, toponcoloog Bob Pinedo of neuroloog Philip Scheltens, de directeur van het Alzheimer Centrum van het

VUmc. Zij willen geen eigenaar van een ziekenhuis zijn. Zij vinden het leuk om ideeën te verwezenlijken."

Oomen: "Een bestuurder gaat voor zijn eigen hachje. Zodra een ziekenhuis fuseert, worden al die individuele initiatieven kapotgeslagen." Er komen grotere afdelingen, meer hoogleraren. "Die vechten elkaar de tent uit. Den Haag staat er bijvoorbeeld om bekend dat de ruzie tussen de cardiologen in die stad vijftien jaar heeft geduurd, ten laste van de patiënten. Dat weten alle ziekenhuisdirecteuren en alle cardiologen."

Gelukkig zijn er genoeg nieuwe initiatieven. "Grote buitenlandse ondernemingen kijken met belangstelling naar wat er in Nederland gebeurt. Op medisch gebied is Nederland in een aantal zaken verrassend goed. Kleine dingen, individuele geneesmiddelen zoeken. Nanotechnologie. Dat komt allemaal voort uit start-ups."

Tegelijkertijd moet er meer worden gedaan voor burgers die door het noodlot zijn getroffen, maar niet adequaat worden geholpen: "We hebben meer centers of excellence nodig, bijvoorbeeld voor mensen met niet aangeboren hersenletsel."

Dat letsel kan ontstaan als iemand van zijn scooter valt en met zijn hoofd op een paaltje terechtkomt. In Nederland gaat het om tweehonderd tot vierhonderd gevallen per jaar. "Nergens in Nederland bestaat er een intensieve behandeling, zodat mensen met dit type hersenletsel er weer gauw bovenop komen. In Amerika wel. Als je er niet snel bij bent, leert de patiënt niets meer aan en komt die tussen de dementerende bejaarden in een verpleeghuis terecht."

Oomen zit niet stil. Hij heeft onder anderen de zorgondernemers Winter, Maljers en Driessen benaderd om te brainstormen over de oprichting van een expertisecentrum voor mensen met niet aangeboren hersenafwijkingen. "Zo'n initiatief komt tot stand doordat een burger mij aansprak over zijn zoon die alleen in Amerika kon worden geholpen."

"Dit soort burgers moet een podium krijgen. Die man heeft alle zorgverzekeraars een brief geschreven. Geen van hen heeft geantwoord." Wordt het een succes? "Eerst zorgen dat dit lukt. Dan kijken of er publiek geld voor te vinden is. En anders wordt het privaat gefinancierd."

Het ziekenhuis is
van niemand

Mensen denken niet graag aan het ziekenhuis. Ze willen er niet heen als dat niet nodig is. Een ziekenhuis betekent narigheid en vervelende onderzoeken. Lang wachten, ook voor geplande operaties. Niemand komt er voor zijn plezier. In het ziekenhuis ruikt het raar en is het altijd druk. Er lopen verpleegkundigen rond en jonge dokters in witte jassen die pas na lang aandringen vertellen wat eraan schort. Als de patiënt al in staat is te onthouden wat de dokter vertelt, want dat gaat vaak het ene oor in en het andere oor weer uit.

Dit is het negatieve beeld. Aan de andere kant wordt er in het ziekenhuis van alles gedaan om mensen weer zo gezond mogelijk door te laten leven. Er worden echo's, röntgenfoto's en scans gemaakt. Er is een spoedeisende hulp om de gebroken arm in het gips te zetten en een polikliniek voor de controles of de dagbehandeling met chemotherapie. Er zijn onderzoeksruimtes, operatiekamers, intensive cares en heel veel technologie, inclusief de noodaggregaten in de kelder voor het geval de stroom uitvalt.
Dat klinkt al beter. Maar aan de rekening van het ziekenhuis is nog altijd geen touw vast te knopen. Er is geen samenhang tussen wat er gebeurt en wat dat kost, dus tussen de inspanning en de vergoeding van een behandeling.
Als burger heeft u niets te vertellen over de manier waarop uw zorgpremies worden besteed. Wij hebben dat uitgelegd. Als patiënt zit u er bovenop, maar dan weet u nog niet waar al die onderzoeken toe dienen en wat ze allemaal

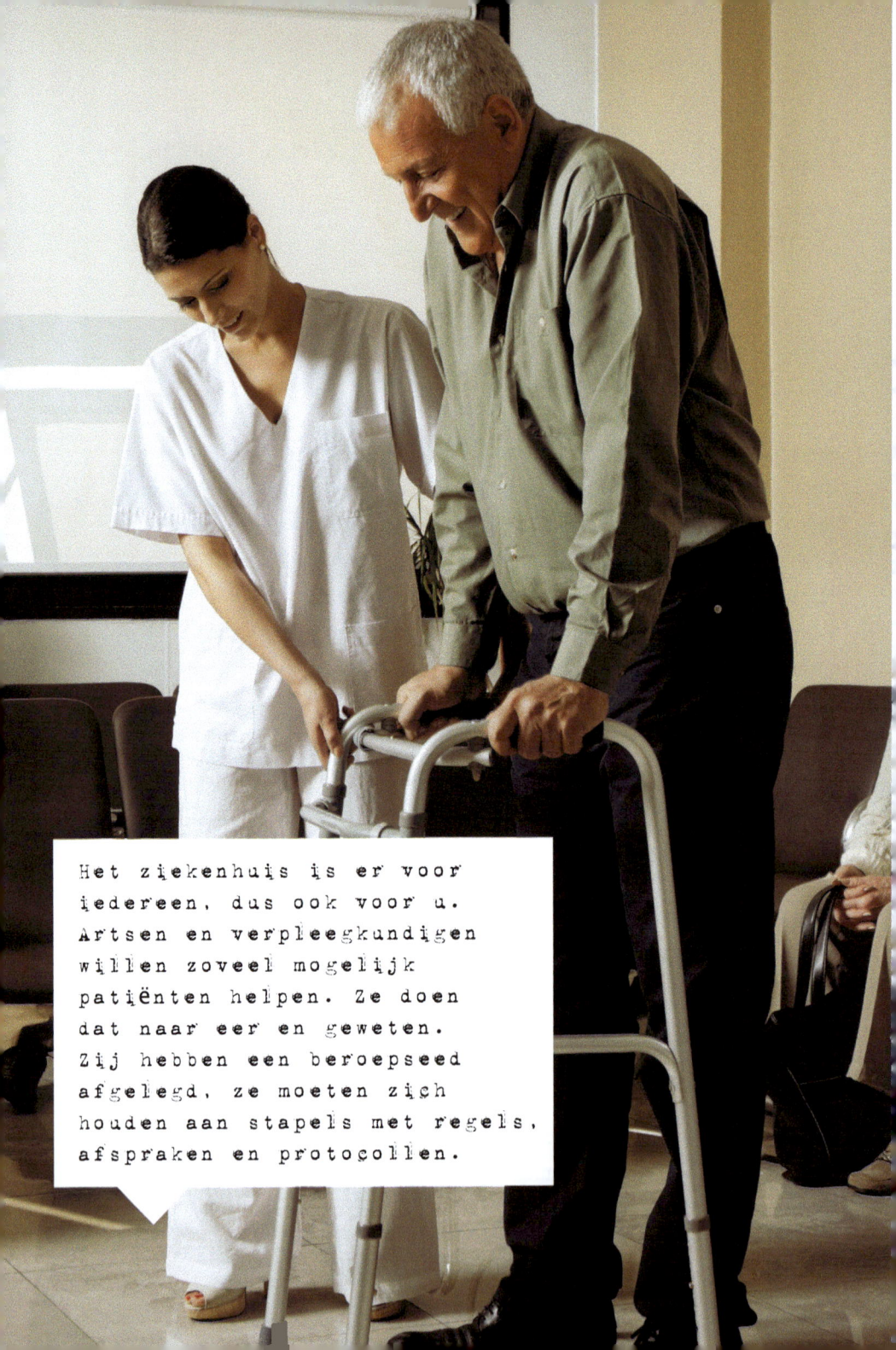

Het ziekenhuis is er voor iedereen, dus ook voor u. Artsen en verpleegkundigen willen zoveel mogelijk patiënten helpen. Ze doen dat naar eer en geweten. Zij hebben een beroepseed afgelegd, ze moeten zich houden aan stapels met regels, afspraken en protocollen.

kosten. Wij vinden dit niet normaal en al helemaal niet vanzelfsprekend.
De burger die patiënt wordt, is vooral bang. Als het tegenzit, maakt hij heel wat mee. Binnen een paar weken wordt hij drie keer gedotterd. Er volgt een zware operatie. Het ziekenhuiseten is niet om over naar huis te schrijven. En wie kan er rustig slapen als de tot voor kort onbekende kamergenoot de hele nacht snurkt? Er treedt een wondinfectie op of een ernstige complicatie, soms ligt de patiënt dagenlang aan allemaal apparaten op de Intensive Care. In het ergste geval komt hij na een ernstige medische misser te overlijden. Einde verhaal.
Toch hoeft u daar niet al te bang voor te zijn. De doemverhalen die rondgaan, zijn slechts gedeeltelijk waar. Mensen gaan dood in een ziekenhuis. Ja, dat is waar. Maar het ziekenhuis is er in de eerste plaats om u beter te maken. Bijna altijd gaat het goed en kunt u de kliniek heelhuids verlaten. Heeft u vragen, dan moet u die vooral stellen, zo goed en kwaad als dat gaat, zodat u wegwijs wordt gemaakt en snapt wat er met u gebeurt. Vraag anders een familielid, vriend of buur mee te gaan en laat die doorvragen als u dat zelf niet durft. Of neem het gesprek desnoods zelf op met uw smartphone. Vraag dan eerst even of dat oké is. Dat is wel zo correct tegenover de hulpverlener in kwestie.

Is het ziekenhuis er voor u?

Het ziekenhuis is er voor iedereen, dus ook voor u. Artsen en verpleegkundigen willen zoveel mogelijk patiënten helpen. Ze doen dat naar eer en geweten.
Zij hebben een beroepseed afgelegd, ze moeten zich houden aan stapels met regels, afspraken en protocollen.
Zorgverleners zijn zich ervan bewust dat het altijd een keer fout kan gaan. Zij weten dat mensen bang zijn en dat ieder mens gehecht is aan het eigen lijf en de eigen gezondheid. Ze weten ook dat veel mensen zonder alle feiten te kennen meteen een mening hebben over de manier waarop er in het ziekenhuis wordt gewerkt. Daarom is de communicatie tussen arts en patiënt zo belangrijk, zeker als het mensen betreft die onverklaarbare ziekten hebben.

In dit opzicht lijkt de zorg op voetbal. Iedereen heeft er een mening over en weet het thuis op de bank beter dan de scheidsrechter die een penalty weigert. Met dit verschil dat voetbal een spelletje is en dat het in de zorg vaak om leven en dood gaat.

Zijn alle ziekenhuizen hetzelfde?

Nee. Er zijn grote en kleine ziekenhuizen. Ook de kwaliteit van de zorg en de dienstverlening lopen uiteen. Vaak merkt de oplettende bezoeker bij de receptie van een ziekenhuis al hoe de leiding over patiënten denkt. Is de baliemedewerker alert, attent en behulpzaam, dan zit het wel snor met de patiëntvriendelijkheid. Anders mag er worden betwijfeld of de bestuurders onopgemerkt door de gangen slenteren of een praatje maken met de kantinemedewerker en de schoonmaker om te achterhalen wat er in eigen huis gebeurt.

Daar staat tegenover dat ziekenhuizen zich meer dan vroeger van elkaar willen onderscheiden. Sinds er in de zorg een vorm van concurrentie bestaat, kijken oplettende bestuurders goed naar wat andere instellingen doen. Zij willen daarvan leren. En ziekenhuismedewerkers luisteren beter naar wat de patiënten willen en verwachten.

De Nederlandse gezondheidszorg doet het goed in internationale vergelijkingen. Keer op keer blijkt dat Nederlanders minder zorg gebruiken dan de burgers in de ons omringende landen. Ook de medicijnen zijn goedkoop. Daar staat tegenover dat de prijs per behandeling relatief hoog is en dokters volgens sommige bronnen meer verdienen dan bij de buren. Dat maakt niet uit, bij het ministerie van Volksgezondheid in Den Haag zijn ze trots op de resultaten. Toch leveren lang niet alle ziekenhuizen dezelfde kwaliteit. Dat kan dus beter. Een beetje ziekenhuis kan nog steeds behoorlijk groot zijn. Denk aan het St. Antonius Ziekenhuis in Nieuwegein. Dat heeft een jarenlange reputatie hoog te houden met hart- en longchirurgie (cardiothoracale chirurgie). Het heeft 1.100 bedden, bijna 5.000 personeelsleden in dienst en een omzet van 400 miljoen euro per jaar.

Toch zijn het aantal bedden en de omzet niet doorslaggevend om te beoordelen hoe goed of belangrijk een ziekenhuis is. Bedden zeggen niets over de kwaliteit van de specialisten of de hygiëne. Die kwaliteit kan worden gemeten. Doorligwonden (decubitus) zijn bijvoorbeeld een signaal dat de verpleging niet alert is. Dit is één kant van het verhaal. Want bij sommige ernstig zieke patiënten met specifieke aandoeningen, zoals een slechte 'perifere circulatie' in de huid of de spieren, zijn doorligwonden moeilijk te voorkomen. Doorligwonden zijn pijnlijk, het duurt lang voor ze genezen. Deze wonden hoeven niet te ontstaan. Voorwaarde is dat de patiënt regelmatig wordt gedraaid en ondervoeding wordt bestreden. Dat gebeurt niet steeds op tijd, waardoor sommige afdelingen meer patiënten met decubitus hebben dan andere.
De vakgroep neurochirurgie van een academisch ziekenhuis kan voortreffelijke resultaten boeken, terwijl de verpleegafdeling van het specialisme urologie in hetzelfde ziekenhuis relatief weinig aandacht aan patiënten besteedt waardoor er vaker doorligwonden ontstaan.

Wat is het verschil met een particuliere kliniek?

In en rondom een ziekenhuis bevinden zich huisartsenposten, gezondheidscentra en private klinieken die veel werk hebben overgenomen. Dat hoort bij concurrentie en marktwerking. Private klinieken en zelfstandige behandelcentra (zbc's) zijn gespecialiseerde mini-ziekenhuizen. Zij hebben geen 'beddenhuis', soms kan de patiënt er direct na de behandeling weer weg, zelden hoeft hij er een nacht te blijven. Neem Cardiologie Centra Nederland, dat een aantal zelfstandige poliklinieken voor hart- en vaatziekten exploiteert.
Medisch specialisten in vaste dienst kunnen in het eigen ziekenhuis ook een gespecialiseerde 'zorgstraat' beginnen, zoals in het Haga Hals- en Polscentrum in Den Haag. Dat heeft een uitstekende reputatie op het gebied van kwaliteit, service en doelmatigheid.

Hoe blijer de verpleegkundige, hoe beter de zorg?

Hoe meer tijd verpleegkundigen aan een patiënt besteden, hoe minder fouten er worden gemaakt. En hoe minder decubitus. Er bestaat een schat aan literatuur waaruit blijkt dat overleving gerelateerd is aan het aantal verpleegkundigen per patiënt. Hoe hoger het opleidingsniveau en hoe zelfstandiger de verpleegkundige, des te beter is ook het contact met de medisch specialist. Dat meldt DiversityNursing.com, een 'niche' website voor verpleegkundigen (13 juli 2015).

De site baseert haar berichtgeving op onderzoek in 550 ziekenhuizen door de University of Pennsylvania. Daaruit blijkt dat de resultaten van een behandeling direct samenhangen met de kwaliteit en het werkplezier van de verpleegkundigen. Hoe blijer de verpleegkundige, hoe gezonder de patiënt. Ook de sterftecijfers in het ziekenhuis zijn dan lager.

Vooral de ziekenhuizen van Kaiser Permanente doen het goed. Daar is de sterftekans zelfs een vijfde lager dan elders. Kaiser Permanente is een geïntegreerd gezondheidsnetwerk in acht staten van de VS; ziekenhuizen, verzekeraars en artsen werken er in één systeem samen. Kaiser Permanente wordt geroemd om de efficiëntie en de hoogwaardige kwaliteit van zorg. Er wordt niet beknibbeld op personeel, omdat de leiding weet dat het succes mede te danken is aan de onvermoeibare inzet van geëngageerd, bevoegd en mondig verpleegkundig personeel. Verpleegkundigen zijn de 'X factor', iets wat een ander niet heeft.

Is een groot ziekenhuis altijd beter?

Ook kleinere ziekenhuizen kunnen opvallen. Neem het St Jansdal in Harderwijk. Daar staat soberheid voorop. De fusie met een groot ziekenhuis in de regio werd afgeblazen uit angst dat de eigen bedrijfscultuur eronder zou lijden. Het St Jansdal heeft 1.850 medewerkers, 120 specialisten en 350 vrijwilligers. In 2014 had het een omzet van 131 miljoen euro; volgens Elsevier was dit het best presterende ziekenhuis in de periode van 2010 tot en met 2014.

Voormalig bestuursvoorzitter en wielerfanaat Albert Arp over het geheim van de aanpak: "Het is een combinatie van 'doe maar normaal', zoals dat hier in de regio geldt en het continu verbeteren van de prestaties." (Forum, 22 januari 2015) Tegen *Het Financieele Dagblad* zei Arp: "Dit ziekenhuis wordt bestuurd als een groot familiebedrijf."(26 november 2014) Bij die visie hoort ook 'kiezen'. De patiënt kan in Harderwijk niet meer voor alle kankerbehandelingen terecht. Daarvoor wordt samengewerkt met het Antoni van Leeuwenhoek Ziekenhuis in Amsterdam.

Van wie is het ziekenhuis?

Nederland telt minder dan honderd zelfstandige ziekenhuizen. Ooit waren dat er veel meer, maar het zijn er nog altijd veel voor een klein land als Nederland. Slechts een paar ziekenhuizen zijn volledig eigendom van particuliere partijen, zoals het Medisch Centrum Zuiderzee in Lelystad en het Slotervaartziekenhuis in Amsterdam. Deze zijn van de MC Groep, waar zorgondernemer Loek Winter de scepter zwaait. Ook het Rode Kruis Ziekenhuis in Beverwijk, bekend van het Brandwondencentrum, is particulier bezit. 70 Procent van het ziekenhuis is sinds 2015 in handen van netwerkorganisatie Zorg voor de Zaak, eigendom van oud-tekenleraar, visionair en investeerder Marius Touwen. Zijn motto luidt 'Van werken word je gelukkiger'.

Alle andere ziekenhuizen zijn private instellingen. De eigenaar is in de regel een stichting. Stichtingen zijn privaatrechtelijke organisaties, rechtspersonen die een bepaald doel willen verwezenlijken. Zij hebben geen leden, ze mogen alleen winst uitkeren als dat geld een sociale bestemming krijgt.

Minister Schippers van Volksgezondheid, Welzijn en Sport (VWS) wil dit veranderen. Zij is voorstander van winstuitkeringen door ziekenhuizen. Volgens haar kunnen investeerders zoals bijvoorbeeld pensioenfondsen dan gemakkelijker geld steken in dure apparatuur, innovaties en andere investeringen van ziekenhuizen.

Tot nu toe stuiten haar plannen in de politiek op weerstand. Want om winst uit te keren, moet wel bekend zijn wie de eigenaar is. In de gezondheidszorg wordt er terughoudend gereageerd. De angst is dat winst ten koste gaat van de zorg, doordat aandeelhouders de winst willen uitkeren in plaats van te investeren in de zorg.

Is het ziekenhuis van de burgers?

Het ziekenhuis is niet van de burgers of de patiënten. Zij betalen wel de zorgpremies waaruit de ziekenhuizen worden betaald, maar ze hebben er niets over te zeggen. Raar, want sommige mensen hebben echt iets met het ziekenhuis om de hoek. Anderen hebben in het verleden hun spaarpot omgekeerd om het ziekenhuis van de Vrije Universiteit in Amsterdam te kunnen oprichten. Dat schept een band.
In het verleden waren ziekenhuizen, ziekenfondsen en kruisverenigingen eigendom van groepen burgers. Dat is drastisch veranderd. Het ziekenhuis, maar ook het verpleeghuis of de thuiszorgorganisatie u raadt het al, is al lang niet meer van de burger. En evenmin van de verpleegkundigen of de dokters, al zijn medisch specialisten soms voor een klein deel mede-eigenaar. Ziekenhuizen en andere zorginstellingen zijn niet van de staat, van een zorgverzekeraar of een groot bedrijf dat kostbare medische apparatuur levert, zoals het Nederlandse technologieconcern of het Duitse Siemens. Laat staan van kleinere toeleveranciers.
Formeel zijn de ziekenhuizen, maar ook veel andere instellingen in de gezondheidszorg, stichtingen zonder leden die geen enkele verantwoordelijkheidsplicht hebben. Conclusie: in wezen is een ziekenhuis van niemand.
Dat is een rare zaak. Gelukkig is er hier en daar sprake van een kentering en wordt er nagedacht over modellen die de burger en de mensen die in het ziekenhuis werken meer invloed geven.
Een voorbeeld is de coöperatie waarvan alle betrokkenen in en bij het ziekenhuis lid kunnen zijn. Er zijn ook andere opties denkbaar. Wij zijn er voorstander

van instellingen in de gezondheidszorg onder te brengen bij een juridisch regime dat bestuurders verplicht verantwoording af te leggen aan burgers. De zorgverzekeraars zijn een voorbeeld van zo'n juridisch regime, de onderlinge waarborgmaatschappij waar, in ieder geval formeel, de vertegenwoordiging van de verzekerden in de algemene ledenvergadering het hoogste orgaan is.

Houdt het ziekenhuis rekening met de patiënt?

Ziekenhuizen moeten zich meer verantwoorden tegenover de patiënt. Patiënten verwachten namelijk dat ziekenhuizen hun prestaties op allerlei terreinen met bewijzen onderbouwen. Dat zegt Bart Berden, bestuursvoorzitter van het Elisabeth-TweeStedenziekenhuis Tilburg op Skipr.nl (7 augustus 2015). Volgens Berden hebben patiënten een enorme behoefte aan informatie. "Niet meer alleen over medisch inhoudelijke kwaliteit. We moeten ons nu ook bewijzen. Vroeger zei de patiënt: *tell it to me*. Dat is veranderd in *show it to me* en het zet door naar *prove it to me*. Dit gaat van medische inhoudelijke kwaliteit door naar services, toegankelijkheid etc."
Ziekenhuizen moeten daar rekening mee houden. Er ontstaat ruimte voor nieuwe zakelijke modellen, bijvoorbeeld voor zorg die wordt georganiseerd op basis van ziektebeelden. Berden wijst op de Martini Klinik, een Duitse aanbieder van gespecialiseerde kankerzorg. "Ziekenhuizen krijgen meer te maken met concurrentie van dit soort nieuwe aanbieders in plaats van de bestaande ziekenhuizen."

Wat gebeurt er na een medische misser?

Een medische misser raakt niet alleen de patiënt en zijn familie. De medewerkers in de zorg zijn er ook vaak ondersteboven van. Is de kwaliteit van een verpleegkundige, een arts of een afdeling aantoonbaar onder de maat, dan krijgt het ziekenhuisbestuur te maken met de Inspectie voor de Gezondheidszorg (IGZ). De IGZ treft maatregelen om de zorg weer boven de minimale maat te brengen. Ze legt onaangekondigde bezoeken af, ze kan een afdeling of instelling onder verscherpt toezicht plaatsen. In het ergste geval wordt die een tijd gesloten.

In dit verband is het belangrijk te weten wat er gebeurt met de professionele zorgverlener die een ernstige medische fout maakt. Er is een verschil tussen de zelfstandig werkende beroepsbeoefenaar en de beroepsbeoefenaar in dienst van een instelling. Volgens hoogleraar gezondheidsrecht Johan Legemaate van het AMC kan de inspectie een hulpverlener wél schorsen als die in een solopraktijk een vastgestelde grens overschrijdt, maar niet als hij bij een instelling werkt. Legemaate wil dat dit verschil wordt opgeheven. De vereniging van verpleegkundigen en verzorgenden V&VN is het met hem eens. Een zorgprofessional tegen wie een tuchtklacht loopt, moet al tijdens de tuchtperiode kunnen worden geschorst, aldus V&VN. Alleen dan wordt direct voorkomen dat meer patiënten schade ondervinden. Overigens zijn er veel onterechte tuchtzaken tegen medisch specialisten; de suggestie van V&VN dient dus met enige terughoudendheid te worden beoordeeld.

Blijven alle ziekenhuizen doorgroeien?

De trend is dat ziekenhuizen compacter worden. Ook de academische medische centra specialiseren zich steeds verder. Daardoor zijn er minder gebouwen en bedden nodig, weet interim-bestuurder Fred Plukker. Volgens Plukker zijn ziekenhuizen over twintig jaar de plekken waar de kostbare apparatuur staat die niet te verplaatsen is. Hij kan het weten, want als interimmer heeft hij zowel aan het hoofd gestaan van het VUmc als van het Radboud universitair medisch centrum.

In een interview met Skipr magazine zegt Plukker dat de patiënt straks hooguit twee dagen in een ziekenhuis verblijft (januari 2015). "Voor bijzondere ingrepen en behandelingen moet de patiënt verder reizen. En soms ook minder ver, omdat veel dingen niet meer in gebouwen hoeven te gebeuren. Die kunnen thuis via e-health en telematica."

Dit vergezicht veronderstelt wel dat deze gespecialiseerde ziekenhuizen nauw samenwerken met andere hulpverleners en zorgorganisaties. Alleen als er heel goed wordt samengewerkt in de gezondheidszorg zijn dergelijke ontwikkelingen mogelijk.

Wie beslist wat er in een ziekenhuis gebeurt?

In een ziekenhuis gaan de dokters over de behandeling van de patiënten, de verpleegkundigen zijn verantwoordelijk voor de verpleegkundige zorg, de managers regelen de dagelijkse gang van zaken en de financiële medewerkers kijken goed naar de centen. Maar formeel is de raad van toezicht de baas.
De raad van toezicht is de interne toezichthouder. Die ziet erop toe dat de raad van bestuur het ziekenhuis goed bestuurt en het geld verantwoord uitgeeft. Dat geld krijgt het ziekenhuis elk jaar van de zorgverzekeraars.
De raad van bestuur is verantwoordelijk voor het functioneren van het ziekenhuis. Dus ook voor het functioneren van de specialisten. Dat is nieuw. De ziekenhuizen zijn begonnen als facilitair bedrijf voor medisch specialisten, jarenlang waren de dokters de baas. Dat is veranderd. Want het ziekenhuisbestuur moet nu ook met de medisch specialisten als groep onderhandelen, het medisch specialistisch bedrijf of MSB. De raad van bestuur onderhandelt nu al namens de medisch specialisten met de zorgverzekeraars, ook al weet de raad van bestuur niet altijd precies waarover ze onderhandelt, omdat niet elk lid van het bestuur een medisch specialist is. Uiteraard moeten er dus zowel in de raad van bestuur als in de raad van toezicht mensen zitten die kennis hebben van de kwaliteit van de zorg.
Elke raad van bestuur vergadert veel. Die heeft zijn handen vol met het beheer van de winkel, met personeelsbeleid, plannen maken, brandjes blussen, vooruit kijken, onderhandelen met zorgverzekeraars en proberen de voorgenomen fusie en samenwerkingsverbanden in goede banen leiden. De raad van bestuur beslist welke afdeling speerpunt is. Die beoordeelt of het budget komend jaar voldoende ruimte biedt om die dure PET-CT scan aan te schaffen.

Gemakkelijk is het in elk geval niet om bestuurder van een ziekenhuis te zijn. Academische instellingen hebben soms 10.000 werknemers in dienst en een begroting van meer dan 1 miljard euro per jaar, zoals het Erasmus MC in Rotterdam. De werknemers hebben ambities, dromen en wensen. Dat geldt zeker voor de hoog opgeleide, goed verdienende medisch specialisten, die hun belangen en voorkeuren uitstekend weten te behartigen. Zij blinken uit in hun vak, maar schikken er niet voor terug dat anderen op gezette tijden onder de neus te wrijven. Zorgbestuurders moeten daarom dienend zijn ingesteld, goed kunnen luisteren, veel schipperen om alle medewerkers bij de les te houden, en weten waarover ze praten.

Hebben medisch specialisten veel te zeggen?

Medisch specialisten zijn verantwoordelijk voor de kwaliteit van de behandelingen, maar ze gaan niet zelf over het budget. Zij moeten voldoen aan allerlei eisen en protocollen. Ze lobbyen hard om nieuwe spullen te krijgen en ze hebben een broertje dood aan bezuinigingen. Dat laten ze luid en duidelijk, soms met slaande deuren weten, al blijft hun gemor gewoonlijk binnenskamers. Hangt een teleurgestelde arts de vuile was wel buiten, dan doet hij dat bij voorkeur anoniem, als zogenoemde klokkenluider. Dan gaat er een dikke witte envelop met interne documenten naar een krant of tv-programma in de hoop dat de onheilstijding op het juiste moment wordt opgepikt en verspreid. Als dat gebeurt, zijn de rapen meestal gaar.

Kan een ziekenhuis failliet gaan?

Een faillissement is meestal een ramp. Mensenlevens raken ontregeld, sociale gemeenschappen vallen uiteen. Miljoenen euro's gaan in rook op, medische kennis verdwijnt. Een faillissement is het slechts mogelijke draaiboek voor alle betrokkenen; daarom wordt het meestal zo lang mogelijk vermeden.

Toch gaan er voor het eerst sinds tijden weer ziekenhuizen failliet. In 2011 moest het Ruwaard van Putten in Spijkenisse een faillissement aanvragen. De Zorggroep Pasana, moederorganisatie van ziekenhuis De Sionsberg in Dokkum, ging eind 2014 onderuit; in 2007 was De Sionsberg nog de nummer 1 in het *Elsevier*-onderzoek 'De beste Ziekenhuizen.' Na deze faillissementen is de zorg voor patiënten in beide gevallen overgenomen door andere aanbieders.

Kunnen ziekenhuizen fuseren?

De afgelopen jaren zijn er veel ziekenhuizen gefuseerd. Daardoor is het aantal zelfstandige ziekenhuizen met een kwart gedaald. In april 2015 fuseerde UMC Groningen nog met de Ommelander Ziekenhuis Groep. Sommige waarnemers vinden dat deze trend moet worden omgebogen. Intussen staat een aantal kleinere ziekenhuizen er financieel gezien slecht voor. In zo'n geval is het soms beter als zij gauw fuseren, een samenwerking aangaan met een ziekenhuis in de omgeving of met samenwerkingsverbanden van huisartsen en specialisten, de zogenoemde anderhalvelijnszorg.
Een fusie is uitsluitend aan te bevelen als die geld oplevert dat op een andere manier aan zorg kan worden besteed. Dure apparaten hoeven dan niet dubbel te worden aangeschaft. Maar een fusie kost veel energie, tijd en geld. Het duurt vaak jaren voor iedereen aan elkaar is gewend en de nieuwe organisatie optimaal draait. Interim-bestuurder Fred Plukker: "Ziekenhuizen moeten vooral niet fuseren als dat niet nodig is. Want dat geeft veel gedoe. En het duurt vaak een generatie voor dat over is. Bovendien is het een feit dat lang niet elke fusie beklijft." (*Skipr magazine*, januari 2015)
Een ziekenhuis kan fuseren of met een ander ziekenhuis samenwerken zonder dat duidelijk is wie de eigenaar is. In ieder geval niet de burger. Terwijl de ziekenhuisorganisaties allemaal voortkomen uit kerkelijke instellingen en uit burgerinitiatieven, zoals de kruisverenigingen of ziekenfondsen.

Kan een fusie worden verboden?

In 2015 verbiedt de Autoriteit Consument & Markt (ACM) voor het eerst een ziekenhuisfusie. Het gaat om de voorgenomen fusie tussen de Stichting Albert Schweitzer Ziekenhuis in Dordrecht en de Rivas Zorggroep, in het bijzonder het Beatrixziekenhuis in Gorinchem. Volgens de ACM is een fusie niet in het publieke belang, omdat het twee concurrerende instellingen betreft.
De ACM gaat over de mededinging in de zorg, dus over de concurrentie tussen instellingen. Zij oordeelt dat het nieuwe ziekenhuis na de fusie te groot en te sterk zou worden. Met als gevolg dat de zorgverzekeraars dan minder scherp kunnen inkopen. Bij deze fusie blijven er te weinig alternatieven over en kunnen patiënten niet langer 'stemmen met de voeten'. Met het verbod wil de ACM voorkomen dat verzekerden te maken krijgen met 'hogere prijzen, mindere kwaliteit, of minder innovatie', aldus het betreffende persbericht.

Wat schiet de burger op met een fusie?

Als een ziekenhuis moet fuseren, komt er steevast een onderstroom van irrationele emoties bovendrijven. De teksten zijn vaak hetzelfde: 'Ons ziekenhuis verdwijnt'. 'Het wordt hier onveiliger'. 'Stel dat er een ongeluk gebeurt'. Of 'Je zult maar in verwachting zijn'. Dat burgers zich ongerust maken over de afbraak van 'hun' lokale ziekenhuis, is begrijpelijk. Mensen gaan uit van de bestaande situatie. Als het ziekenhuis in de buurt dichtgaat, moeten ze verder reizen.
Dat is vooral vervelend voor patiënten die aangewezen zijn op de Spoedeisende Hulp (SEH) of de verloskundige hulp. Bij een fusie of vermindering van het takenpakket van een ziekenhuis moet altijd worden nagegaan of in spoedeisende gevallen op tijd hulp kan worden geboden. Gelukkig bestaan er normen hoe snel de ambulance iemand naar de SEH moet hebben gebracht. Voor dokters of verpleegkundigen is een fusie lang niet altijd beter, want zij kunnen daardoor hun baan kwijtraken. De burger heeft er evenmin altijd

profijt van. Wordt de kwaliteit van de zorg beter als het knusse ziekenhuis om de hoek plaats maakt voor een architectonisch verantwoorde medische kathedraal aan de rand van de stad? Neemt de bureaucratie dan af? Dalen de kosten? Kan het ICT-systeem het nog wel aan?

Bij een ziekenhuis hoort betrokkenheid. Het ziekenhuis is van 'ons': iemand is er geboren, de ouders zijn er overleden, je bent er zelf geopereerd. Zo redeneren mensen, met hun gevoel en de eigen herinnering. Ook de werkgelegenheid speelt een rol. In veel gemeenten is het plaatselijke ziekenhuis de grootste werkgever, zoals het Amphia Ziekenhuis in Breda. Tot in de wijde omtrek zijn mensen in allerlei beroepen voor hun inkomen afhankelijk van dat ziekenhuis. Sinds enkele jaren moeten ook de burgers bij een voorgenomen fusie worden gehoord. Dit is een eerste aanzet op weg naar meer invloed van de burger op de ziekenhuizen.

De vraag is bovendien of een fusie een betere samenwerking met andere hulpverleners en zorgorganisaties oplevert. Een goed functionerende huisartsenpost met professionele apparatuur kan bijvoorbeeld een deel van de spoedeisende hulp voor zijn rekening nemen. Als er goed wordt samengewerkt, kan een behandeling die nu in een ziekenhuis door een medisch specialist wordt verricht ook door de huisarts worden gedaan. Dit heet substitutie. Voorwaarde is dat de overdracht van het ziekenhuis naar de zorg thuis goed geregeld is.

Hier wreekt zich de vrijblijvendheid in de gezondheidszorg. Niemand is de baas. Niemand kan zaken afdwingen die een betere samenhang mogelijk maken. Een fusie draagt meestal niet bij tot meer samenwerking met anderen in de zorg. Omdat alle energie gaat zitten in de activiteiten die met de fusie te maken hebben.

Zorg is emotie...

Inderdaad: zorg is emotie. Wie die emotie niet aanvoelt, krijgt niets voor elkaar. Maar zorg is ook vertrouwen. En compassie. Wie met een blauwdruk in de hand van bovenaf wil beslissen welk ziekenhuis dicht moet en waar er wordt gefuseerd, slaat de plank mis. Doordat er geen echte baas in de zorg is, kan de overheid niet met één pennenstreek bepalen hoeveel ziekenhuizen er overblijven. Dat lukt zelfs de minister niet.

Daarom moeten alle betrokkenen lang blijven praten tot ze er met zijn allen uitkomen. Typisch Nederlands. De kunst is de juiste balans te vinden tussen de dingen die moeten gebeuren en de gevoelens van patiënten, familieleden en hulpverleners. Een fusie tussen ziekenhuizen raakt ook de hulp die huisartsen leveren. Ziekenhuizen zijn afhankelijk van huisartsen. De huisarts is de eerste adviseur van de patiënt. Hij adviseert naar welk ziekenhuis iemand het beste kan gaan. Intussen worden communicatie en imago steeds belangrijker. Uiteraard moet een arts die bewust een miskleun maakt, hard worden aangepakt. Maar zelfs de chirurg die kan aantonen dat hij geen medische misser heeft begaan, dat er geen sprake is van een calamiteit en niemand is overleden, kan het knap lastig krijgen. Patiënten en hun familie accepteren geen gedraai of leugens. Ze wachten de bewijzen niet af, maar sturen via de sociale media direct allerlei beschuldigingen de wereld in. Is de reputatie van de desbetreffende specialist eenmaal aangetast, dan duurt het maanden voor de schade is hersteld, als het ooit goed komt. Reputatie komt te voet en vertrekt te paard, is een gevleugelde uitspraak. Tegenwoordig volstaat één negatieve tweet om een loopbaan te gronde te richten. Reputatie komt nog steeds te voet, ze vertrekt alleen heel snel en tegenwoordig zelfs per tweet.

Inderdaad: de organisatie van ziekenhuizen is uiterst ingewikkeld. Ziekenhuizen zijn bijna altijd in handen van stichtingen, slechts een paar ziekenhuizen zijn in handen van private partijen. Toch is niemand er echt de baas, zelfs niet de minister van VWS, en al helemaal niet de burger, terwijl die toch alles betaalt. Een ziekenhuisbestuur moet het bovendien erg bont hebben gemaakt, als niet slechts de Inspectie voor de Gezondheidszorg ingrijpt, maar de minister persoonlijk de telefoon pakt om in te grijpen. Dat gebeurde pas in 2012 na een ernstige bestuurscrisis bij het VUmc. De burger kreeg dat niet te horen: een van de vele geheimen van Den Haag.

Ronald van den Boogaardt:
"WAT KAN IK ER ZELF AAN DOEN?"

Fotograaf Ronald van den Boogaardt (1965) uit Den Haag werkt vijf dagen per week, voltijds. Hij leidt een filiaal van het familiebedrijf in elektronica. Enthousiast, openhartig. Getrouwd, vader van twee kinderen. Een mondige burger die weet wat verantwoordelijkheid is. Hij is al even ziek. Chronisch ziek. Patiënt. Ronald heeft een zeldzame huidaandoening. Hij krijgt rode vlekken op zijn armen, benen en rug.

In 2008 schrijft de huisarts hem een uienzalfje voor. Als dat niet helpt, wordt hij verwezen naar een particuliere dermatologische kliniek. "Geen bloed geprikt, laat staan dat er een stukje huid is weggehaald. Zalfje dit, zalfje dat. Op het laatst had ik vijftig ontstekingen op mijn been." Hij belandt bij het Leyenburg ziekenhuis in Den Haag. "Van het kastje naar de muur. Drie jaar lang kon niemand mij vertellen wat ik had."
    Intussen worden de plekjes groter. Ronald vermoedt het ergste. Na enkele maanden wachten kan hij terecht bij het Leids Universitair Medisch Centrum (LUMC). Daar zijn ze er snel achter welke uitzonderlijke ziekte hij heeft: MF, mycosis fungoides, een kwaadaardige woekering van speciale witte bloedcellen. Huidkanker. "Je kunt er honderd mee worden", vertelt Van den Boogaardt aan de keukentafel.
    In Leiden zegt de hoogleraar dat hij vooral veel nieuwe bloedcellen moet aanmaken. Dat kan met zonlicht. "Ik moet zoveel mogelijk in de zon. Shirt open, naar buiten. En zon, zon, zon, zon." Hij gaat op vakantie naar Australië.

"De prof zegt: 'Jij gaat genieten. Ik geef je huiswerk mee, wat crèmes, daar smeer je je 's avonds mee in. Je gebruikt zonnebrandcrème met factor 40 of 50. En je komt bruin terug'."

Spontaan klapt hij in zijn handen. "Dat gesprek gaf me weer perspectief. Toen ik terugkwam, leek ik bijna beter, zoveel witte bloedlichaampjes had mijn lichaam aangemaakt."

Zijn witte bloedcellen zijn voor een groot deel beschadigd, legt de arts uit. Na verloop van tijd ontstaat er een kleine tumor om een huidzakje. De tumor komt boven op de huid drijven, waardoor er ontstekingen en rode plekken ontstaan.

Ronald trommelt met zijn vingers op tafel. "Eigenlijk is er geen oplossing voor. De dokters kunnen de ziekte alleen onderdrukken met dure pillen en zalfjes."

Toch is er meer mogelijk. Ultraviolette straling, PUVA lichttherapie, een medische zonnebank die dieper gaat dan zonlicht. Daardoor worden de bloedcellen geactiveerd. Drie keer per week wordt hij bestraald. Eerst een paar seconden, tenslotte een kwartier. "Pilletjes slikken om lichtgevoelig te worden. In het donker naar het ziekenhuis, regenjas aan, kapje op."

Een hogere dosis is niet mogelijk. Maar de ziekte komt en gaat. Hij maakt golfbewegingen met zijn handen. "Pijn doet het niet, al is het niet leuk om te zien. En het kost veel kracht. Je bent eeuwig moe, moe, moe. Omdat die bloedcellen zo hard moeten werken."

Ziek zijn kost energie, zowel lichamelijk als geestelijk. "Je bent er 24 uur per dag mee bezig." Hij past zich constant aan. "Bij sommige dingen zeg ik: 'Nee, dat doe ik niet. Dan ga ik ook niet'."

Er zijn ook voordelen. "Je gaat dingen anders zien. Je leven wordt breder, je interesses veranderen, je wordt rustiger. Ik was al een vrolijk mens, maar ik ben nog socialer geworden en geniet meer." Brede lach: "Soms zeg ik tegen mezelf: 'Man, doe toch niet zo moeilijk'."

"Iedereen kan je willen helpen en vragen: 'Hoe is het?' Maar uiteindelijk moet je het zelf doen. De tijd nemen om geestelijke energie op te sparen, om verder te gaan."

Waaruit put hij energie? "Simpel. Ik kan goed omschakelen. Ik fiets elke dag naar mijn werk en terug. In dat kwartiertje schakel ik om. Eenmaal thuis is er een andere wereld. Ik slaap veel. Ik ga om 10 uur naar bed en slaap tot 7 uur in de ochtend. Oogjes dicht. En weg. Bovendien krijg ik energie van mijn kinderen."

Hij heeft ermee leren leven. Zijn filosofie? "Niet bij de pakken neerzitten, dat is energieverlies. Openheid en luchtigheid. Naar elkaar luisteren. Ik ben nooit kwaad of rancuneus, hoogstens eens teleurgesteld in iemand. Kwaad worden is zonde van je energie. Ik stel me de vraag wat ik er zelf aan kan doen. Alleen dan kun je een probleem hanteren en oplossen."

> Er zijn grote verschillen in de kwaliteit van zorg in de Nederlandse verpleeghuizen. Als u daar voor het eerst mee te maken krijgt, kent u die verschillen niet. Van buiten is niet te zien hoe het personeel met cliënten omgaat.

Ondergeschoven kind
langdurige zorg

Hoe weinig u van de gezondheidszorg weet, merkt u pas als uw gebrekkige oude moeder valt, haar heup breekt en moet worden geopereerd. Misschien had u haar kunnen waarschuwen dat ze minder moet sloffen en haar voeten beter optilt. U had dat ene kleedje eerder van de vloer kunnen halen. Te glad, te gevaarlijk. Maar dat wist u niet. Niemand heeft u daar ooit op gewezen.

Als uw moeder daarna naar het verpleeghuis moet, stort haar wereld in. Zij is haar thuis kwijt, ze blijkt te dementeren, langzaam aan verliest ze haar identiteit. Dan staat ook uw wereld op zijn kop. Alles komt op u af. U moet voor haar beslissen, van alles regelen, op zoek gaan naar de beste zorg, een hele papierberg doorworstelen, daarna misschien wel haar huis verkopen. Waar moet u het zoeken?

U staat er alleen voor in het labyrint dat zorg heet. Niemand heeft u verteld waar u terecht kunt voor hulp, welk verpleeghuis het beste bij haar past en wat u moet bijbetalen voor uw moeder. Hoe gaat u om met een bedlegerige patiënt, met dementie, Alzheimer en andere ziekten die kenmerkend zijn voor de ouder wordende mens? Of blijkt thuisblijven met zorg toch het beste alternatief?

Er zijn grote verschillen in de kwaliteit van zorg in de Nederlandse verpleeghuizen. Als u daar voor het eerst mee te maken krijgt, kent u die verschillen niet. Van buiten is niet te zien hoe het personeel met cliënten omgaat. Als u weer weg bent, weet u niet of uw moeder in goede handen is. Toen u er de eerste keer was, zag u dat het personeel veel tijd nam voor de koffie en het sigaretje op de patio, met de schuifdeur open waardoor het bleef tochten.

Is de langdurige zorg echt zo slecht?

Er zijn prima voorbeelden hoe het wel kan. Want soms is de zorg voor ouderen prima geregeld. Neem woonzorgcentrum Humanitas Deventer. Niet klagen maar doen, is het motto van de enthousiaste bestuursvoorzitter Gea Sijpkes. Haar doel is een voormalig verzorgingshuis in een oude arbeiderswijk de ziel terug te geven.

Sijpkes is een ideeëngenerator. Zij nam zes woonstudenten in huis die in ruil voor een gratis kamer dertig uur per maand meedraaien en vooral een 'goede buur' willen zijn voor ouderen. Dat doen ze door een praatje te maken of samen voetbal te kijken. Dit verrassende initiatief haalde zelfs de wereldpers. De uitdaging is mensen weer trots te maken, zegt Sijpkes. "Ook ouderen willen trots zijn. Wie trots is, zit eerder rechtop en straalt dat uit", zegt ze in *Skipr magazine* (juni 2015).

Uiteraard zijn er meer prima verpleeghuizen in Nederland. Maar soms is de zorg in een verpleeghuis beneden alle peil. Dan is de oude dag geen lolletje, terwijl het er volgens Gea Sijpkes in de laatste fase van het leven vooral om gaat dat iemand de prettigste leefomgeving heeft die mogelijk is.

Kennen de politici de keerzijden van de zorg?

Staatssecretaris Martin van Rijn van Volksgezondheid, Welzijn en Sport weet inmiddels alles van slechte zorg. De volhardende PvdA'er is politiek verantwoordelijk voor de hervorming van de langdurige zorg in Nederland. Een immense klus. Maar hij heeft ook een dementerende moeder in een verpleeghuis.

Het verhaal van Van Rijns moeder is in 2014 groot nieuws. Zowel haar eigen man Joop als een buurman doen hun beklag over de wantoestanden in het Haagse verpleeghuis WZH waar hun echtgenotes wonen. Vader Van Rijn spreekt

openhartig over zijn eigen pijn als zijn wederhelft, die er zelf niet om kan vragen, de juiste zorg moet ontberen. "Soms is ze niet verschoond. Dan staat ze even op en loopt de urine langs haar enkels. Ik ga altijd opgewekt naar haar toe, maar kom er vaak met een zwaar gemoed weer vandaan."(AD, 4 november 2014). Prompt komt zijn zoon, de staatssecretaris, onder vuur te liggen vanwege de falende zorg in het verpleeghuis. De reacties op de sociale media liegen er niet om. "Wat een lapzwans", schrijft een lezer. Een ander concludeert: "Van Rijn faalt als staatssecretaris en als mens." En: "Van Rijn heeft niet alleen zijn ouders begraven, maar de complete ouderenzorg in Nederland." (AD, 5 november 2014).
Buurman Oude Nijhuis doet het verhaal dunnetjes over op tv. In het praatprogramma *Pauw* wijt hij de misstanden aan de bezuinigingen in de zorg. Martin van Rijn, die eveneens in de uitzending zit, geeft toe dat de kwaliteit in de zorg niet altijd even goed is, al ziet hij niet direct een oplossing.
"Iedereen beseft dat dit niet langer kan, maar dat is niet in één vingerknip gebeurd. Er zal veel moeten veranderen, zoals moderniseren en het personeelsbestand uitbreiden", zegt Van Rijn tegen presentator Jeroen Pauw. De moedige buurman moet zijn plotselinge mediabekendheid bezuren. Twee weken later is Ben Oude Nijhuis dood. Hij overlijdt aan de gevolgen van een hersenbloeding.

Waarom zijn de verschillen zo groot?

Het verhaal van de moeder van Martin van Rijn is kenmerkend voor de af en toe bedroevende kwaliteit van de ouderenzorg in Nederland. Dat komt doordat er zich in de samenleving een nieuwe tweedeling voltrekt. Die heeft te maken met kennis, met geld en de inzet van personeel. Net als overal leveren zowel kennis als geld in de zorg een voorsprong op. Geld maakt meer mogelijk. Kennis betekent dat er op een hoger niveau wordt gewerkt. Dan is de kwaliteit van zorg beter. Bovendien maakt het veel uit of de medewerkers plezier hebben in hun werk.

Terwijl de vermogensverschillen in Nederland toenemen, dalen de kansen. De allerbeste ouderenzorg met veel aandacht en de hoogste kwaliteit is slechts bereikbaar voor een kleine groep bevoorrechten. Dat komt doordat de zorg in een particulier verpleeghuis algauw 4.000 euro per persoon per maand kost. Veel geld. Ouderen met alleen een basispensioen van de Rijksoverheid (aow) hebben moeite het hoofd boven water te houden. Wie meerdere kleine pensioentjes heeft omdat hij in zijn werkzame leven vaak van baan is veranderd, schudt het geld evenmin uit zijn mouw. De afgelopen jaren hebben ouderen hun koopkracht behoorlijk zien dalen. Voor hen is luxe zorg niet weggelegd.

Blijven er nog verzorgingshuizen over?

Er verandert heel veel in de langdurige zorg. Sinds 2015 moeten oude en chronisch zieke mensen zo lang mogelijk thuis blijven wonen. Dat beleid is eerder ingezet, maar inmiddels worden de gevolgen zichtbaar. Het is de bedoeling dat alle verzorgingshuizen sluiten. Soms wordt een verzorgingshuis verbouwd tot nieuwe combinaties van wonen en zorg, soms tot luxe appartementen of studentenwoningen, andere keren wordt het gesloopt. Overal in het land is deze trend zichtbaar.
De overheid vindt verzorgingshuizen te duur en vooral ouderwets. Daar zit iets in. Het is niet meer van deze tijd dat iedereen rond dezelfde tijd moet opstaan en op hetzelfde moment aan tafel aanschuift. Na het avondeten met zijn allen gezellig bingo en rummikub spelen of in de rolstoel voor de tv worden geparkeerd, wat jarenlang gewoon was, is niet voor iedereen een feest.
Maar er zijn ouderen die dit wel aanspreekt. Ook hier geldt weer dat de betrokkenen niet is gevraagd wat zij van het nieuwe beleid vinden, zeker in de wetenschap dat er gedwongen verhuizingen noodzakelijk waren en zijn. Andere ouderen, mondiger en gewend aan hun eigen levensritme, willen dat niet meer. Daarom kiezen zij voor een nieuwe combinatie van wonen en zorg. Daar betaalt iedereen apart voor de huur en voor de zorg die wordt afgenomen. Wie meer verpleging nodig heeft, gaat naar het verpleeghuis.
In alle gevallen is er trouwens een eigen bijdrage verschuldigd voor de gebruikte zorg.

Waarom is er een eigen bijdrage nodig?

De eigen bijdrage is bedoeld om een deel van de langdurige zorg te betalen. Wie dit soort zorg gebruikt, betaalt daar tegenwoordig aan mee. Voor een enigszins welvarende burger loopt de hoogste bijdrage op tot bijna 2.300 euro per persoon per maand. Dat bedrag wordt ingehouden op een uitkering, het pensioen en het vermogen. Officieel moet iedereen wat 'zak- en kleedgeld' overhouden. Ooit van gehoord? Dit is een klein bedrag waarvan de wasserij, de kapper en wat kleding kunnen worden betaald.
Voor de duidelijkheid: de langdurige zorg wordt bekostigd uit de Wet langdurige zorg (Wlz) en de Wet maatschappelijke ondersteuning (Wmo 2015). De Wlz vervangt de Algemene Wet Bijzondere Ziektekosten (AWBZ), en is bestemd voor mensen die langdurig in een zorginstelling wonen. De tweede wet, de Wmo2015, regelt het kortdurende verblijf en beschermd wonen voor mensen met een psychische stoornis. Een deel van de langdurige zorg, de thuiszorg, de lijfgebonden zorg, wordt via de Zorgverzekeringswet afgehandeld. Daar zijn de zorgverzekeraars voor verantwoordelijk.

Wil iedereen hieraan meewerken?

Natuurlijk weet iemand die voor het eerst te maken krijgt met de langdurige zorg niets van al dit soort zaken, wetten en regelingen af. Ook daarom, zo blijkt, willen sommige mensen graag terug naar het oude systeem, waarbij veel minder hoefde te worden bijbetaald. Veel mensen hebben moeite met de nieuwe ordening, meldt *de Volkskrant*.
"Menig oudere prefereert het vertrouwde verzorgingshuis", schrijft de krant naar aanleiding van een onderzoek (18 augustus 2015). Een vijfde van de ouderen, merendeels van voor 1945, wil het liefst wonen zoals in een verzorgingshuis oude stijl. Even beschut, veilig en gezellig als in het vroegere bejaardenhuis. Maar juist die woonvorm bestaat niet meer, omdat het verzorgingshuis sinds 2013 niet meer wordt vergoed. Over inspraak van direct betrokkenen gesproken.

Probleem is dat niet iedereen vrijelijk kan kiezen waar hij later woont. Een dag later constateert Volkskrant-redacteur Carlijne Vos in een scherp commentaar dat niet elke oudere zo lang mogelijk zelfstandig kan blijven wonen in het eigen huis en in de eigen de sfeer. Aan de andere kant kan niet iedereen met extra zorg naar een speciale ouderenflat, omdat dat te duur is. Vos: "Wie geen sociaal netwerk heeft of een dure serviceflat kan betalen, loopt het risico weg te kwijnen in een bovenwoning met het minimum aan gemeentelijke zorg." Carlijne Vos legt de vinger op de zere plek. Temeer omdat ouderdomsarmoede en eenzaamheid elkaar versterken. Eenzaamheid is de vijand van de ouder wordende mens. Vrienden en kennissen overlijden, de vlucht in de vergetelheid bevordert het alcohol- en medicatiegebruik. Eenzaamheid verhoogt de bloeddruk, het stressniveau en de kans op een depressie. Dan ligt de stille dood algauw op de loer.

Wat telt er meer: meedoen of bezuinigen?

Volgens het kabinet ligt de nadruk bij de hervorming van de langdurige zorg in 2015 niet op bezuinigen. Integendeel: het is de wens van ouderen om zo lang mogelijk thuis te blijven wonen. Dat wordt althans in Den Haag beweerd. Mensen met een beperking willen bovendien zo lang mogelijk zelfstandig kunnen blijven leven. *De maatschappij verandert. De zorg verandert mee*, was de fijne boodschap die de spindokters van het ministerie van VWS daarvoor hadden bedacht.

Deze stelling is niet helemaal juist. Het woord 'bezuinigen' klinkt onprettig, daarom gebruikt het kabinet-Rutte II deze besmettelijke term liever niet. Wij begrijpen dat: aanhoudende bezuinigingen en positief nieuws passen niet bij elkaar. Uitdrukkingen als langer zelfstandig thuis wonen of meer eigen regie hebben een sympathiekere bijklank. Na aanhoudende kritiek veranderde het ministerie de slogan uiteindelijk in *De maatschappij verandert. Verandert de zorg mee?* Let op het subtiele vraagteken aan het eind.

Hoe ingewikkeld deze ontwikkelingen zijn, blijkt als er iets verder wordt doorgedacht. De hervorming van de langdurige zorg draait om iets heel anders, al heeft bijna niemand het daarover. De nationale zorguitgaven moeten dalen, omdat daardoor de totale overheidsuitgaven verminderen. Dan voldoet Nederland eerder aan de eisen voor een stabiele euro.

Het tekort op de begroting, bijvoorbeeld, mag niet hoger zijn dan 3 procent van het bruto binnenlands product (bbp). Nederland overschrijdt die norm niet graag. Om die reden stoot de landelijke overheid taken af naar gemeenten, zodat sommige zorguitgaven, zoals de thuishulp, niet meer op de begroting drukken. Een laag tekort is goed voor het imago van Nederland en voor de relaties binnen de Europese Unie. Eerder waren onder dat mom (de 3 procents-norm) al de mondzorg voor volwassen en een deel van de fysiotherapie uit het basispakket gehaald.

In feite heeft de landelijke overheid de overheveling van taken naar gemeenten aangegrepen om eindelijk het mes in de langdurige zorg te kunnen zetten. Hoe? Door een deel van het bedrag te schrappen en niet over te hevelen, vooral in de thuishulp en de begeleiding van zieke mensen. Daardoor is het geen verzekerd recht meer, maar een voorziening. En op is op.

Staatssecretaris Van Rijn vindt die bezuinigingen nog altijd en in alle gevallen te billijken. Tegen de Tweede Kamer zei hij: "Die zijn nodig om de zwaardere zorg voor ouderen bereikbaar en betaalbaar te houden. Daar zal ik voor strijden tot ik een ons weeg."

Pas in juni 2016 kwam er opeens toch wat geld vrij om een deel van de bezuinigingen ongedaan te maken. Verkiezingsretoriek?

Wat doet de gemeente voor u?

De gemeenten moeten meer voor hun burgers doen. Elke gemeente hoort bijvoorbeeld te achterhalen wat ouderen of mensen met een beperking zelf nog kunnen. En wat familie, vrienden of buren kunnen doen. Daarvoor worden keukentafelgesprekken gevoerd bij mensen thuis of op het gemeentehuis.

Die keukentafelgesprekken zijn niet vrijblijvend en ze verlopen lang niet altijd even prettig. Toch zijn ze nodig om erachter te komen of de gemeente ondersteuning thuis moet bieden.

Ook via de zorgverzekering kunnen mensen (medische) zorg thuis krijgen, zoals verpleging en persoonlijke verzorging. Dat heet dan wijkverpleging. Er wordt veel verwacht van de wijkverpleegkundige. Zij moet de spin in het web zijn van de (medisch-verpleegkundige) wijkzorg.

Gemeenten grijpen de decentralisatie van de zorg aan om nieuwe initiatieven te ontwikkelen. Behalve de wijkverpleegkundige zijn er wijkteams voor ouderen en speciale teams voor de jeugdzorg. Hun taak is na te gaan hoe het welzijn van een cliënt zo veel mogelijk wordt bevorderd door mantelzorgers en vrijwilligers in te schakelen. De wijkteams functioneren nog niet optimaal en vaak is de zorg kariger dan onder de AWBZ. Er ontbreekt bijvoorbeeld ondersteuning van hoog opgeleide professionals, zoals psychologen en psychiaters.

Wat heeft de burger aan deze hervormingen?

Het uitgangspunt van de Zorgverzekeringswet is dat de mondige burger als een individuele consument kiest welke zorgverzekering het beste bij hem of haar past. Daarvoor wordt het woord keuzevrijheid gebruikt. In de langdurige zorg gelden soortgelijke principes. Daar is sprake van meer eigen regie en zelfredzaamheid, al staan begrippen als solidariteit en omzien naar elkaar in deze sector nog altijd centraal. Volgens de overheid wordt er goed geluisterd naar wat de burgers willen: de veranderingen sluiten nauw aan bij de wensen van burgers in een geïndividualiseerde maatschappij. Wij hebben erop gewezen dat dit niet helemaal klopt. Een andere kanttekening is dat de huidige maatschappij vervreemd is geraakt van de klassieke uitgangspunten waarop de zorg is gebaseerd. De vraag is of saamhorigheid, lotsverbondenheid of solidariteit met zwakkeren nog langer vanzelfsprekend is.

Daarmee sluiten de hervormingen niet goed aan op de maatschappelijke werkelijkheid. Ze komen bevoogdend over en kunnen worden gezien als een 'revolutie van bovenaf'. Daar staat tegenover dat er in Nederland al veel hulp en zorg door vrijwilligers en mantelzorgers wordt geleverd. In alle gevallen gaat het om meerdere miljoenen mensen die nu al bereid zijn iets te doen voor de samenleving of voor een naaste in weerwil van de soms sombere geluiden over afnemende solidariteit. De vraag is of zij nog meer aankunnen. Onderzoek toont aan dat mantelzorgers vaak overbelast zijn: een kwart tot een half miljoen mantelzorgers dreigt eraan onderdoor te gaan. Want wie is de mantelzorger van de mantelzorger? Daarmee kunnen de verwachtingen over de hervormingen in de langdurige zorg weleens tegenvallen en de draagkracht van de samenleving overstijgen. Dit vergt de nodige aanpassing en de inzet van alle betrokkenen.

Waar moeten burgers op letten?

Nu de landelijke overheid decentraliseert en taken afstoot, wordt er veel meer beslist op gemeentelijk niveau. Daardoor wordt het belangrijker dat burgers wakker worden, zich goed informeren en zich nadrukkelijk bemoeien met het gemeentelijke zorgbeleid. Het kan namelijk niet zo zijn dat de landelijke zorgbureaucratie wordt vervangen door een gemeentelijke.
Elke gemeente mag zelf voor een groot deel bepalen welke zorg en hulp zij aan zwakke inwoners verstrekt. Dat leidt aantoonbaar tot verschillen tussen de gemeenten. Niet erg, als daarmee de plaatselijke vraag beter wordt bediend. Maar het wordt zorgelijk als die beleidsvrijheid leidt tot willekeur. Het is aan de burgers om alert te zijn. Zij dienen de vinger aan de pols te houden en na te gaan hoe de gemeente met haar beleidsvrijheid omgaat. Gelukkig gebeurt dat steeds vaker. Voorkomen moet worden dat geld voor de zorg naar de lantaarnpalen gaat.

Caren Kunst-de Wit:

"IK HEB ANDERE KEUZES GEMAAKT"

Palliatief verpleegkundige Caren Kunst-de Wit (1959) kent de haarvaten van de zorg als weinig anderen. Vraag haar wat ze wil en zij zegt "Ik wil vooral goede zorg leveren." Ze deed hbo verpleegkunde en allerlei vervolgopleidingen, waaronder hogere bedrijfskunde. En ze is autodidact: haar leven en ervaring draagt zij als verdienste met zich mee. "Wat ik niet weet, zoek ik op. Dat kan tegenwoordig met google een stuk gemakkelijker."

De palliatief verpleegkundige komt als iemand thuis wil sterven en meer support nodig heeft, legt zij uit. "Vaak zijn dat zelfstandigen zonder personeel (zzp'ers), zoals ik. Wij leren de cliënt pas in de eindfase kennen, als de lokale coördinator palliatieve zorg ons belt. De thuiszorg kan dat niet organiseren, die heeft achtuursdiensten en moet in 24 uur drie keer een ander sturen. De zzp'er doet dat gewoon. Die is er 24 uur en woont en slaapt bij de mensen."

Stervensbegeleiding is heel goed observeren. "Elk sterfproces is uniek. Net een treinreis. Je stapt in bij nul en bij honderd ben je er. Sommige mensen stappen uit bij halte tien: 'Ik heb mijn koffer nog niet gepakt. Ik heb de verkeerde dingen mee.' Ze wisselen wat spulletjes en vervolgen de reis tot ook zij bij honderd zijn."

"Arm of rijk maakt niet uit, ze gaan dit traject in. Heel spiritueel, dat gesjouw. Ze laten alles de revue passeren. Dat zie je aan de ogen, die bewegen alsof ze een pagina omslaan. Als de ogen rustig worden, weet je dat er een halte aankomt."

Soms ontstaat er een discussie met de zorgverzekeraar over het aantal uren dat de palliatief verpleegkundige aan een bed doorbrengt. "Het is de nabijheid die je biedt. Dat kun je alleen doen door er 24 uur te zijn, daar krijg ik per dag 350 euro voor. Maar de zorgverzekeraar zegt: 'Als iemand tot rust is gekomen, dus gesedeerd is, mag je best weg. Zodra ze slapen, valt er niets meer te beleven'."

"Op dat moment gaat de indicatie van 24 uur terug naar vier uur. Maar pure zorg is geen graaiwerk. Ik heb zoveel mensen zien sterven, ik weet precies wanneer ik een uurtje weg kan of moet blijven. Dat is niet uit te leggen aan een zorgverzekeraar."

Caren Kunst-de Wit is ook tien jaar lang voorzitter geweest van een patiëntenvereniging, VOKS, de Vereniging voor Ouderen en Kinderen met een Slokdarmafsluiting. Elk jaar worden vijftig kinderen getroffen door deze zeldzame ziekte. Een van haar zoons, Nick, komt er in 1992 mee ter wereld in een ziekenhuis.

"De slokdarm heeft dan geen verbinding met de maag. Of er zijn fistels, waardoor er een verbinding is met de luchtpijp. Via de luchtpijp krijgt het kind in de baarmoeder vruchtwater binnen. Het gaat bellen blazen. Speeksel maken. Dat kan niet weg. Het kind verslikt zich. Dit is geen natuurlijke opzet, dus wordt het binnen een paar uur na de geboorte geopereerd."

Zij houdt ervan 'met de poten in de klei te staan, dus aan het bed' en daarnaast te scholen en te trainen. Daarom helpt zij nieuwkomers in de zorg. Dan gaat ze in op allerlei onderwerpen die in een organisatie spelen, van een indicatie afgeven, een zorgplan opstellen tot bestuurlijke vraagstukken. En ze leert verpleegkundigen om te gaan met soms lastige burgers die een persoonsgebonden budget hebben, een pgb.

Ze begeleidt ook mensen met een pgb. Tot op de minuut brengt zij in kaart wat er nodig is, ze regelt het contact met het zorgkantoor en het keukentafelgesprek. "De fout van veel pgb-houders is dat zij hun administratie niet goed bijhouden. Er is geen nummering in de facturatie. Er staat niet op wie de begeleider was. En wanneer houdt mantelzorg op? Als een vader een zoon met een ontwikkelingsstoornis naar het voetbalveld begeleidt, kan hij twee uur declareren. Gaat hij dan als vader mee of als mantelzorger?"

Volgens haar is de overheid niet helder geweest bij de invoering van de pgb's. Daarom keurt zij soms een dossier af. "Is er te veel onduidelijk, dan indiceer ik niet." Zelf heeft zij nooit een pgb aangevraagd toen haar zoon Nick jong en wankel was. "Ik heb andere keuzes gemaakt. Ik ben minder gaan werken. Ik was blij dat ik geen rugzakje had. Ik zou dat nu nog niet willen. C'est la vie, niet c'est la pgb. Ik hoef ook geen BMW of naar de Bahama's."

Als actieve, zelfbewuste burger brengt zij mensen met elkaar in contact en houdt ze intensieve digitale dialogen via LinkedIn, twitter, facebook en blogs. "Ik wil netwerken. Fijn dat mensen net zo denken als ik. Want samen is het leuker dan alleen." Wel heeft ze steeds meer moeite met de ruwe toon van twitter. "Want 24 uur waken aan het bed van een stervende is in 140 tekens niet uit te leggen."

In 2000 richt zij haar eigen bedrijf 'Good Care Support' op, in 2009 schrijft ze het handboek 'IKZORGZELF. Slokdarmafsluiting'. Het ministerie van Volksgezondheid, Welzijn en Sport (VWS) beloont haar initiatief met de Sociale Innovatieprijs 2010.

Met het handboek gaat ze de boer op. Dat valt niet mee. "Ik heb geleerd verschil te maken tussen etalagedenken of het op orde krijgen van de winkel en het magazijn. Klopt de magazijninhoud met de bezoekers in de winkel? Is de etalage representatief voor wat er gebeurt? Daar botst het vaak."

Ze maakt een website over slokdarmafsluiting, dan kunnen ouders informatie beter ontsluiten en een persoonlijk gezondheidsdossier opbouwen waarin ze data invoeren. Een lange weg. Van een ziekenhuis krijgt ze te horen dat vijftig patiënten geen zoden aan de dijk zetten. "Een ander ziekenhuis liet weten dat ik te vroeg kwam. We kunnen nog niet kantelen,' werd er gezegd."

In 2015 begint ze met een collega een nieuwe bv: Goed Zorgen, een digitale leeromgeving voor mantelzorgers die met professionals samenwerken om zorgtaken over te nemen. 'Particileren' is hun toverwoord. "Incontinentie, steunkousen: steeds meer taken verschuiven van professionals naar mantelzorgers. Die moeten veel leren. Zijn zij wel bevoegd bekwaam? Kan een mantelzorger ook een antistollingsmiddel prikken bij de chronisch zieke partner? Als je die techniek niet goed beheerst, is de huid algauw een dartboard. En één grote blauwe plek."

In de discussies over de waarde van een mensenleven lijken de harde getallen de basis te zijn. In de praktijk ligt dit niet zo simpel. Drie maanden langer leven kan voor een moeder met kleine kinderen meer waarde hebben dan voor iemand die hoogbejaard is.

Dit
kost het

De Nederlandse gezondheidszorg kost heel veel geld, maar levert ook veel op. Hoeveel mensen hebben bijvoorbeeld hun leven niet te danken aan de onvermoeibare inzet van een team medisch specialisten en verpleegkundigen? Wij kennen er genoeg.

Wat de zorg precies kost, hangt af van welke gegevens er worden gebruikt. Maar alles bij elkaar opgeteld gaat het om bijna 100 miljard euro in 2016. Zorg en welzijn zijn zelfs de grootste werkgever van het land. Er werken 1,4 miljoen mensen, bijna een zesde van alle banen in Nederland. En al die mensen leven ervan dat andere mensen ziek zijn.
Jarenlang was de zorg de motor van de Nederlandse economie. Dat is voorbij, meldt het Centraal Bureau voor de Statistiek (CBS). Want het aantal banen loopt terug. Alleen bij verpleegkundigen en zelfstandigen is er sprake van groei. Toch is de zorg nog altijd *big business*. Volgens het kabinet is dit een van de negen topsectoren waarin Nederland uitblinkt. Tel daarbij op dat Nederland prima dokters kent en dat de zorg een uitstekende reputatie heeft. Daar mag iedereen trots op zijn; dat kan alleen maar goed zijn voor de economie.
Wij zien dat iets anders. Ten eerste zijn de uitgaven voor gezondheidszorg sinds het begin van deze eeuw snel opgelopen. In 2015 bedragen ze 10,8 procent van het bruto binnenlands product (bbp), dus van alles wat we met elkaar verdienen, en dat is bijna 700 miljard euro. Er is veel aan gedaan om die stijging af te remmen.

Tot voor kort werd ervan uitgegaan dat alleen in de Verenigde Staten een groter deel van het bruto binnenlands product (bbp) werd uitgegeven aan zorg. Maar halverwege 2016 bleek dat de Nederlandse gezondheidszorg inmiddels, relatief gezien, goedkoper is dan gedacht, aldus nieuwe berekeningen van de Organisatie voor Economische Samenwerking en Ontwikkeling (*Het Financieele Dagblad*, 23 augustus 2016). Daaruit blijkt hoe lastig het is de werkelijke kosten te becijferen. In ons land, dat staat wel vast, besteedt een gemiddeld huishouden inmiddels een kwart tot een derde van het inkomen aan zorg.

Ten tweede draagt de Nederlandse zorg vooralsnog amper bij aan de export. Als Nederland uitblinkt in specifieke behandelingen, mag dat gerust aan de grote klok worden gehangen. Het nieuwe protonencentrum van het Erasmus MC schrikt er niet voor terug patiënten uit het buitenland aan te trekken voor een behandeling. Vanaf 2017 worden daar specifieke vormen van kanker behandeld met ioniserende straling in plaats van met conventionele radiotherapie op basis van fotonen. Nederland heeft straks in totaal vier van dit soort centra. Zo kan het dus ook.

Een sterke binnenlandse afhankelijkheid van één sector is, ten derde, economisch niet altijd even gunstig. Er kunnen onvoldoende prikkels ontstaan om te veranderen, de kosten blijvend tegen het licht te houden, verworven rechten in te leveren, of verspilling tegen te gaan. Daardoor blijft het beeld hangen dat de zorg een moloch is, een afgod waaraan alles moet worden opgeofferd. De burger neemt de kosten voor zijn rekening. Of hij er daarna als patiënt gebruik van maakt, doet er niet toe.

Waarom is het altijd zo ingewikkeld in de zorg?

Naast alle medewerkers in zorg en welzijn zijn er nog eens duizenden mensen met veilige banen die praten en schrijven over de zorg, constateert Marc Chavannes tussen neus en lippen door in een van zijn scherpe observaties (NRC, 4 juni 2015). Inderdaad, Nederland heeft duizenden adviseurs, consultants, interimmers, lobbyisten, pr-adviseurs en communicatiedeskundigen die een aardige boterham verdienen aan de zorg. De Britten hebben het in zo'n geval over de *chattering classes*: goed opgeleide figuren uit de middenklasse die zich met van alles en nog wat bemoeien en ongevraagd advies geven. Of zij de juiste keus zijn, de beste adviezen geven en optimaal met anderen samenwerken, is de vraag. Marc Chavannes is een gerenommeerd journalist, hij maakte deel uit van de hoofdredactie van de NRC en was correspondent in Parijs en Washington. Met zijn rubriek in de NRC was hij een gevreesde waarnemer, al verwisselde hij de krant in de herfst van 2015 voor de digitale *De Correspondent*. Ooit schreef hij het boekje *De stroperige staat* over het politieke en bestuurlijke moeras dat Nederland heet. Volgens hem is de zorg al net zo'n moeras.

In de aangehaalde column staat dat de afweging tussen gewenste en ongewenste samenwerking in de zorg met een 'ideologisch geslepen bril' is gemaakt. Chavannes spreekt van een ideologie 'uit een andere wereld'. Dat klinkt misschien wat vaag, maar hij bedoelt dat de betrokken partijen eerder tegenover elkaar staan dan dat ze elkaar vertrouwen of ruimhartig samenwerken. Hier valt geen speld tussen te krijgen. De zorg is van hoog tot laag bureaucratisch dichtgeregeld, schrijft Chavannes. Ook dat is juist. Sterker: het is zorgwekkend. Het betekent dat behoudzucht in de zorg de overhand heeft. En daar wordt de patiënt niet beter van.

Wie bepaalt hoeveel geld er naar de zorg gaat?

De Nederlandse gezondheidszorg wordt elk jaar duurder. Dat gaat bijna vanzelf, het heeft te maken met de vergrijzing, met technologie, met spullen, loonkosten en gebouwen. Maar ook met de geldverslindende lobby- en consultancy-industrie. Dat is niet verwonderlijk in een sector waar de verantwoordelijkheden over talloze belangenbehartigers zijn verspreid en bijna 100 miljard euro aan (semi-)publieke middelen naar particuliere bedrijven en instellingen gaat. Naast de verdeling van de gelden voor de zorg houden de lobby-organisaties zich bijvoorbeeld bezig met het basispakket: wat wordt er wel of niet vergoed? Vooral de lobby rondom de geneesmiddelen is op dit terrein heel actief. Soms zijn lobbyclubs met elkaar in concurrentie, andere keren vormen zij coalities. De gezondheidszorg kent meer dan vierhonderd organisaties die zich bezighouden met belangenbehartiging. Dat kost de zorg elk jaar ruwweg 1 miljard euro, stelt Tony Lamping. Hij deed er onderzoek naar voor de Universiteit Tilburg (*de Volkskrant*, 20 oktober 2010). Lamping kan het weten. Lamping is een insider, hij was destijds directeur bij Zorgverzekeraars Nederland (ZN), de machtige lobbyclub van zorgverzekeraars. Vergeleken met de overige belangenbehartigers, zoals de farmaceutische industrie, vallen de uitgaven voor de patiëntenorganisaties in het niet. Overigens is de farmalobby altijd bereid geweest patiëntenorganisaties te sponsoren. Belangenverstrengeling doet zich vaker voor in de zorg. Leden van de Eerste Kamer zijn ook in dienst van de gezondheidsindustrie. Wetenschappelijke onderzoekers worden mede betaald door de farmaceutische industrie. Regelmatig heeft de Tweede Kamer haar ongenoegen geuit over de oncontroleerbare invloed van het lobbycircuit op het beleid van volksgezondheid. Tot nu toe met weinig succes.

Tegen deze achtergrond is het wrang te moeten constateren dat de Nederlandse staat relatief weinig geld over heeft voor gedegen wetenschappelijk onderzoek en daar jarenlang op heeft beknibbeld.

Wordt er te veel verspild?

Elk jaar worden er miljarden euro's in de zorg verspild. Dat komt doordat niemand weet waar het geld precies naartoe gaat. Zelfs zorgminister Schippers kan niet exact aangeven waar de 74,6 miljard euro aan worden besteed die in 2016 indirect op haar begroting staan. Dat is dus los van alle andere, meer private uitgaven voor medicijnen etcetera waardoor de Nederlanders bij elkaar opgeteld 100 miljard aan zorg besteden. De minister is zich er ook van bewust dat het bijna onmogelijk is om patiënten vooraf inzicht te geven in de kosten van een behandeling. De Consumentenbond, die een onderzoek deed onder bijna honderd ziekenhuizen, werd in 2014 evenmin veel wijzer van de antwoorden op de vraag wat een veelvoorkomende behandeling kost.

Aan de ene kant wordt deze stroperigheid veroorzaakt door de vele ingewikkelde regels, de uitdijende bureaucratieën van administrateurs en toezichthouders, en door falende declaratiesystemen. De Consumentenbond mag de ziekenhuisrekeningen niet begrijpen, de arts snapt er evenmin veel van. Ook de Nationale Ombudsman noemt de rekeningen van ziekenhuizen ondoorgrondelijk.
De patiënt haakt sowieso af, als die ooit een rekening te zien krijgt. Met andere woorden: er is geen touw aan vast te knopen. Daar komt bij dat facturen vaak pas jaren later worden ingediend bij de zorgverzekeraars. Daardoor is het lastig te achterhalen waarvoor moet worden betaald.
Bovendien hebben de zorgverzekeraars het voor het zeggen, in elk geval in de beeldvorming. "Zij kunnen in de zorg hun gang gaan met een minimum aan medische competenties", aldus nogmaals Marc Chavannes. Kortom, een wirwar. Onbegrijpelijk. Abracadabra voor iedere patiënt.
Aan de andere kant heeft de zorg te maken met hoge kosten voor sommige zeldzame medicijnen, dure behandelingen en specialistische apparatuur op de Intensive Care of de afdeling radiologie. Mensen worden ouder, ze kunnen tot op hoge leeftijd met allerlei technische hulpmiddelen overeind worden gehouden. Daarnaast gaat er veel geld naar de zorg voor mensen met een geestelijke dan wel lichamelijke handicap. Tenslotte wordt er erg veel geld over de balk gesmeten door allerlei niet gebruikte medicijnen, verbandmateriaal of bijvoorbeeld incontinentieluiers weg te gooien. Ga maar na: de apotheek neemt ongebruikte medicijnen niet terug, of ze worden vernietigd. Pure verspilling, al is dit bedoeld om de veiligheid te dienen.

Waarom moest de langdurige zorg op de schop?

De langdurige zorg voor ouderen en chronisch zieken is duur. In 2013 ging 24,2 miljard euro naar de langdurige zorg, in 2014 ruim 26 miljard euro. Het meeste geld werd besteed aan mensen die in een instelling woonden, de rest ging naar cliënten die thuis werden verzorgd. Dat werd allemaal betaald uit de AWBZ. Toen de AWBZ in 1968 werd ingevoerd, was die wet alleen bedoeld voor onverzekerbare risico's. Daarmee werden mensen bedoeld met een aangeboren lichamelijke of verstandelijke handicap. De wet gold ook voor zware psychiatrische patiënten en ouderen die niet langer thuis verzorgd of verpleegd konden worden. Patiënten die langdurig zorg nodig hadden, werden beschut 'opgeborgen' in instellingen buiten de samenleving, aan de rand van de stad, in een bos of bij zee.

Sinds eind vorige eeuw zijn de opvattingen over de langdurige zorg veranderd. Terecht. Er wordt eerder uitgegaan van de mogelijkheden die de individuele patiënt heeft. Mensen kunnen langer thuis blijven wonen of met anderen in een woning verblijven waar een thuisgevoel bestaat. Daardoor kan de duurdere opname in een instelling worden voorkomen. Het gevolg is dat de nadruk komt te liggen op de eigen regie en zelfredzaamheid van de patiënt.

Steeds liep de zorg voor mensen met een lichamelijke handicap voorop bij deze omslag. Ook bij de invoering van het persoonsgebonden budget (pgb) was de gehandicaptensector leidend. De bedoeling van het pgb is dat de patiënt zelf zijn zorg kan inkopen. Daardoor wordt de eigen regie versterkt. Sindsdien moeten de aanbieders van zorg veel meer rekening houden met de wensen de patiënt, die cliënt wordt genoemd. In essentie bepaalt de cliënt met een pgb bij wie welke zorg wordt ingekocht. Een belangrijke ontwikkeling om patiënten te laten meebeslissen over hun eigen zorg.

Waarom was de AWBZ zo duur?

De AWBZ was zo duur, omdat bijvoorbeeld het systeem van de persoonsgebonden budgetten een hoge vlucht heeft genomen. Logisch: wie wil er niet meebeslissen over de eigen zorg? Bovendien dijde de AWBZ in de loop der jaren steeds verder uit. Er werden uitgaven vergoed die niets te maken hadden met het principe dat het om onverzekerbare zorg moest gaan. Zelfs de abortusboot werd uit de AWBZ betaald. Een ander voorbeeld is het snoepreisje naar het Marokkaanse Rifgebergte dat allochtone Rotterdamse jongeren op kosten van de AWBZ mochten maken.

Het duidelijkst werd de verspilling bij de thuiszorg en de huishoudelijke hulp. Vooral deze laatste voorziening riep de vraag op waarom iemand dat niet gewoon uit eigen zak kon betalen. Een huishoudelijke hulp stofzuigde, maakte de ramen schoon en deed wat afwas. Soms werd er hulp verleend bij het aantrekken van een steunkous. Meer zorg werd er niet gegeven.

De schoonste ramen, werd gemeesmuild, waren te vinden in straten waar veel ouderen woonden die thuiszorg kregen. Dat was niet de bedoeling van de wetgever. Met als gevolg dat de discussie oplaaide dat familieleden of de directe omgeving gerust een handje konden meehelpen en zelf een rol gaan spelen in de huishouding. Daarvoor hoefde de belastingbetaler niet op te draaien.

De kosten van de AWBZ liepen ook op door de steeds verder stijgende uitgaven voor de jeugdzorg en de geestelijke gezondheidszorg. Om die groei af te remmen, namen het toezicht, de controle en de bureaucratie toe. Dat vergde veel extra geld. Daar kwam bij dat de persoonsgebonden budgetten fraudegevoeliger bleken dan aanvankelijk werd gedacht. Zo kocht de vader van twee gehandicapte zoons op een gegeven moment van hun pgb's meteen een wagen. Ook dat was niet pluis.

Aan de andere kant wordt de fraudekaart in de zorg te gemakkelijk getrokken. Iemand die in de loop van het jaar een groot pgb voor zijn zoon wilde opheffen omdat het niet meer nodig was, wist niet wat hij meemaakte, toen hij het resterende bedrag wilde terugstorten. Het zorgkantoor van de grootste zorgverzekeraar in de regio wilde dat geld, bijna een halve ton, niet hebben. Het bedrag was toegekend en kon tot het einde van het jaar worden opgemaakt. De vader mocht met zijn kind gerust wat vaker naar een leuke zorgboerderij voor gehandicapten gaan, was de reactie. Waar gebeurd. Over verspilling gesproken.

Kan de overheid de kosten indammen?

Tegen deze achtergrond kan de overheid de ontwikkeling van de kosten slechts gedeeltelijk beïnvloeden. Deels gebeurt dat via de rijksbegroting. De minister van VWS is verantwoordelijk voor het systeem van de zorg. Voor de kostenbeheersing is het Budgettaire Kader Zorg ontworpen (BKZ). Het BKZ, een kleine 75 miljard euro in 2016, eist bijna een derde van alle uitgaven op die direct of indirect via het Rijk lopen. Ook de kosten voor het ministerie zelf worden daaruit betaald, al zijn die laag in vergelijking met wat er naar de echte zorg gaat.

Elk jaar wordt er met veel kunst- en vliegwerk beslist hoeveel geld er wordt besteed aan de huisartsen, de ziekenhuizen of de langdurige zorg. De minister zet de lijn uit, de ambtenaren van VWS bepalen binnen die lijnen hoe het beleid wordt ingevuld. In de eerste plaats houden zij rekening houden met de kasbewaarders van het ministerie van Financiën. Nogal wiedes: de ware minister van Volksgezondheid is de minister van Financiën, wordt in Den Haag gemompeld.

Uiteindelijk bespreekt de minister van VWS de plannen voor de zorg tijdens de ministerraad. De bedragen worden vastgelegd in de rijksbegroting, waarna de Tweede Kamer er al dan niet mee instemt. Dit spel om de centen gaat vanzelfsprekend lang niet altijd goed, want Kamerleden kunnen met tegenvoorstellen komen en de minister aansporen het geld anders te besteden.
Er zijn ervaren en goed ingevoerde parlementariërs die hard werken en een groot netwerk hebben. Zij verdiepen zich in de onderwerpen en stellen de juiste vragen. Ze hebben meer invloed op het beleid dan de *backbenchers* die zich gedeisd houden. Maar er worden ook veel onzinnige wetten en wetswijzigingen bedacht. En de politieke debatten in de Tweede Kamer over de zorg worden soms meer beheerst door emoties dan door een diepgravende uitwisseling van argumenten. Sterker: het zijn zo nu en dan zich urenlang voortslepende politieke rituelen zonder ernstige gevolgen.

Kunnen die uitgaven echt niet omlaag?

Het ministerie van VWS is al jaren bezig de kostenstijging terug te brengen. Mede om die reden werden in 2006 de Zorgverzekeringswet (Zvw) en de Wet marktordening gezondheidszorg (Wmg) ingevoerd. Marktwerking en keuzevrijheid voor de patiënt zijn de toverwoorden. De bedoeling is dat er concurrentie ontstaat, de kwaliteit van zorg omhoog gaat en de prijs daalt. In de praktijk is dat, op zijn zachtst gezegd, moeilijk aantoonbaar.

Sindsdien zijn de zorgverzekeraars almaar belangrijker geworden. Volgens het ministerie zijn de zorgverzekeraars de regisseurs van de zorg. Zij moeten de kostenstijging temperen. Overigens zijn die kosten de afgelopen tien jaar amper gedaald, al is de groei afgevlakt. Maar voor hoe lang? Met name minister Schippers heeft veel vertrouwen in de zorgverzekeraars, daarom heeft zij steeds meer risico's van de staat naar hen overgeheveld. In de zomer van 2013 sloot de minister verschillende zorgakkoorden. Een met de ziekenhuizen en de medisch specialisten, een met de ggz-sector en een met de huisartsen.

De patiëntenorganisaties en zorgverzekeraars zijn bij al die akkoorden betrokken. De afspraken komen erop neer dat de groei van de uitgaven vanaf 2015 niet meer dan 1 procent per jaar mag bedragen. Alleen de uitgaven voor de huisartsen mogen met 2,5 procent stijgen om zo de afname in de ziekenhuizen en de ggz op te vangen. De akkoorden worden met horten en stoten uitgevoerd. Binnen de akkoorden onderhandelen de zorgverzekeraars vooral scherp over de prijs. Elk jaar spreken zij een maximaal behandelingen af met een ziekenhuis of een huisarts. Dat heet een plafond. Worden er meer patiënten geholpen dan afgesproken, dan draait de zorgaanbieder op voor de financiële risico's. De zorginstelling dus. Dat is gunstig voor de zorgverzekeraars die tien jaar lang veel geld hebben kunnen overhouden. En voor wie was dat geld bedoeld? Juist, de patiënt.

Helaas merkt die patiënt vooralsnog weinig van al die akkoorden, behalve dat de premie niet zo snel stijgt. De klacht van zorgaanbieders is dat de verzekeraars te weinig aandacht hebben voor de kwaliteit van de zorg en voor innovatie. Over kwaliteit kunnen zij nog altijd geen sluitend oordeel geven. Daarbij moet worden aangetekend dat innoveren in de zorg vaak conserveren betekent, gezien de tendens tot behoudzucht bij zowel dokters als zorgverzekeraars.

Wie kost er het meeste?

Sociaal economisch zwakke inwoners maken vaker gebruik van de zorg die wordt betaald uit het basispakket. Dit heeft tot gevolg dat de laagste inkomensgroepen de hoogste kosten maken. Zij hebben minder te besteden, ze eten en leven vaak ongezonder. Aan de andere kant leven ze ook minder lang dan welvarende, hoog opgeleide inwoners. Volgens het Centraal Bureau voor de Statistiek (CBS) zijn de kosten van de laagste inkomensgroep ongeveer anderhalf keer groter dan van de hoogste inkomensgroep. Inwoners van Antilliaanse afkomst gebruiken relatief gezien de meeste zorg: 24 procent meer dan autochtone Nederlanders. Zij hebben vooral veel psychiatrische hulp nodig. Turkse landgenoten hebben de hoogste medicijnkosten, aldus het CBS in 2013. Uit hetzelfde CBS-onderzoek blijkt verder dat mannen van alle inwoners goedkoper zijn. In 2010 gebruikten mannen gemiddeld voor 1.980 euro zorg uit de basisverzekering. Vrouwen kwamen uit op 2.220 euro. De hogere kosten voor vrouwen in de ziekenhuiszorg ontstaan doordat zij in de vruchtbare leeftijd gebruik maken van meer ziekenhuiszorg, verloskunde, kraamzorg en medicijnen. Op oudere leeftijd worden mannen wel weer duurder, omdat zij dan vaker in het ziekenhuis worden opgenomen. Het grootste deel van de zorgkosten, volgens sommige onderzoeken de helft, wordt trouwens in het laatste levensjaar gemaakt.

Hoe toegankelijk is de zorg?

Iedereen heeft het altijd over de kosten. Maar het is veel belangrijker goed te kijken naar de toegankelijkheid en de kwaliteit van de zorg. Toegankelijkheid in de zorg betekent dat er passende voorzieningen bestaan. Er moeten voldoende dokters en ziekenhuizen zijn. En dan het liefst zoveel mogelijk in de buurt. Voldoende huisartsen, genoeg medisch specialisten, genoeg apparatuur, operatiekamers, verpleegkundigen en wijkverpleegkundigen. Wie wil dat worden, worden deze mensen op de juiste manier opgeleid, aan welke voorwaarden moeten zij voldoen en verdienen ze genoeg? Dat speelt allemaal een rol.

Tot een jaar of vijftien geleden was het uitgangspunt in Nederland dat de vraag in de hand kon worden gehouden door het aanbod te reguleren. In zekere zin was er sprake van een planeconomie. Er was zelfs sprake van 'Moskou aan Zee'. Het aanbod werd zo gepland dat er in de werkelijke behoefte en noden kon worden voorzien, zonder dat hulpverleners te veel deden om er zelf beter van te worden. De gedachte was dat aanbod de vraag veroorzaakte. Door strakke regulering, onder meer van de tarieven en de budgetten, zou onnodig dure zorg kunnen worden voorkomen.

Een punt van kritiek was dat de wachtlijsten voor sommige behandelingen daardoor snel opliepen. Rond de eeuwwisseling maakte de latere LPF-politicus Pim Fortuyn daar een speerpunt van. Overigens werden de wachtlijsten vooral veroorzaakt door patiënten die op meerdere lijsten stonden. Bovendien maakten specialisten en ziekenhuizen kunstmatige wachtlijsten, omdat zij wisten dat dit extra geld opleverde. Zij gebruikten de wachtlijsten als politiek drukmiddel. Het toenmalige kabinet (Kok II), en met name D66-minister Els Borst van VWS, besloot honderden miljoenen euro's uit te trekken om de wachtlijsten terug te dringen. Ineens klotste het geld tegen de plinten. De wachtlijsten verdwenen, maar er is nooit aangetoond dat dit door het extra geld kwam. Over feiten en ficties gesproken.

Hoe is het nu geregeld?

Sinds 2006 heeft Nederland een systeem waarbij de vraag naar zorg voorop staat. Het uitgangspunt is gereguleerde marktwerking. Doordat ziekenhuizen met elkaar concurreren, blijft het evenwicht in stand, wordt er niet te veel geleverd en ontstaat er evenwicht tussen vraag en aanbod. Dat is tenminste de bedoeling. De wachtlijsten lijken als sneeuw voor de zon te zijn verdwenen, maar in de praktijk wordt de omzet die een ziekenhuis maakt allang weer aan banden gelegd en nemen de wachtlijsten opnieuw toe. Bijvoorbeeld voor specifieke rugklachten, zoals een vergroeiing van de rug (scoliose). De reden? Er werd vaker geopereerd. Daardoor verdwenen weliswaar de wachtlijsten, maar tegelijkertijd liepen de kosten snel op. Inmiddels zijn de 'budgetplafonds' terug waar tot voorkort tegen werd geprotesteerd. Behandelingen aan het einde van het jaar worden doorgeschoven naar het volgende jaar. Dat kan trouwens per zorgverzekeraar verschillen.

Ook de toegankelijkheid heeft te maken met wat het kost. Moet er veel geld worden betaald om zorg te krijgen of bestaat er een solidair systeem? Dat is in Nederland goed geregeld. Lastiger is het of alle patiënten op de juiste plek terechtkomen. Dit wordt een probleem nu Nederland meer krimpregio's krijgt, zoals Zeeuws-Vlaanderen en Oost-Groningen, waar steeds minder mensen wonen en minder voorzieningen zijn.

Welke rol hebben de zorgverzekeraars?

De zorgverzekeraars hebben veel te zeggen over de zorg. Zij beheren de zorgpremies die de burgers afdragen. Er zijn vier grote zorgverzekeraars: Zilveren Kruis, VGZ, CZ en Menzis. Met daarnaast een aantal kleine, zoals ONVZ, DSW, Zorg en Zekerheid, ASR en Eno Salland. De grote zorgverzekeraars hebben verschillende labels, dus verschillende namen waaronder ze verzekeringen aanbieden.

De 'Grote Vier' wordt weleens verweten een kartel te vormen. Een kartel is een informele overeenkomst om prijsafspraken te maken en concurrentie te beperken. Of dat helemaal klopt, laten wij in het midden. Anderen spreken van een oligopolie. Dat begrip is eerder van toepassing. Bij een oligopolie wordt een economisch product slechts door een paar grote spelers aangeboden. Meestal is er sprake van een oligopolie als het marktaandeel of de concentratiegraad van de vier grootste marktpartijen groter is dan 70 procent van de markt. De vier grootste zorgverzekeraars samen verdelen inmiddels meer dan 90 procent van de markt. Vandaar.

Trekken de zorgverzekeraars aan de touwtjes?

Door hun machtspositie veronderstellen de zorgverzekeraars weleens dat zij in de zorg aan de touwtjes trekken. Deze houding levert steeds vaker kritiek en verzet op. Er wordt bijvoorbeeld beweerd dat zorgverzekeraars de ziekenhuizen afknijpen en elk jaar minder geld willen betalen voor dezelfde behandeling. Regelmatig doen boze dokters en zorgbestuurders een boekje open over het fanatisme waarmee de vier grote zorgverzekeraars te werk gaan. Zij storen zich aan de vele regels die de zorgverzekeraars hen opleggen en de wijze waarop hun zorginkopers onderhandelen. Daardoor ligt de nadruk op kostenbeheersing en controle en minder op kwaliteit of innovatie, is het verwijt.

Toch klopt dit beeld niet helemaal. Want als regisseurs van de zorg voeren de zorgverzekeraars in eerste instantie vooral uit wat het ministerie van VWS van ze verlangt en wat in de zorgakkoorden is vastgelegd. Bovendien staan ze er niet allemaal even sterk voor en moeten ze erg op hun vermogenspositie letten. Zorgverzekeraars dienen te voldoen aan nieuwe Europese regels: ze zijn verplicht om meer geld achter de hand te houden, zodat ze financiële schokken beter kunnen opvangen. Om die reden hebben zij hun reserves moeten vergroten. Dit is mede het gevolg van de kredietcrisis in 2008.

Zorg en Zekerheid heeft bijvoorbeeld meer dan genoeg geld: er staat 1,72 keer zoveel op de bank als minimaal is vereist (dat heet solvabiliteit). CZ doet het ook goed met een solvabiliteit van 165 procent. Maar het kleine Eno Salland heeft slechts 1,13 zoveel geld als minimaal vereist, en dat is krap (*Het Financieele Dagblad*, 21 september 2015).

Tussen 2011 en 2014 zijn de financiële buffers van de zorgverzekeraars met 6 miljard euro gestegen. Dat blijkt uit een analyse door de onafhankelijke vergelijkingssite *Zorgkiezer.nl*. Het onderzoek is gebaseerd op cijfers van De Nederlandsche Bank en jaarverslagen van de zorgverzekeraars. In 2014 werden de buffers 1,8 miljard euro groter. Daardoor hebben de zorgverzekeraars 8,48 miljard euro meer in kas dan zij onder de huidige regels als reserves moeten aanhouden (NOS, 22 september 2015).

Een zorgverzekeraar met een lage reserve die zijn bedrijfskosten niet in de hand heeft en slecht inkoopt, kan in de problemen komen, weet Peter Ruys van de Zorgkiezer.nl. Volgens Ruys kunnen rijke zorgverzekeraars lagere premies aanbieden (*Het Financieele Dagblad*, 21 september 2015). Logisch, rijke zorgverzekeraars hebben grotere reserves, dus diepere zakken. Daardoor halen ze meer nieuwe verzekerden binnen. Resultaat van deze onderlinge concurrentiestrijd? Er blijven nog minder verzekeraars over.

De discussie tussen de verzekeraars en de zorgaanbieders wordt sterk beïnvloed door het onderlinge wantrouwen. De zorgverzekeraars geven onder meer aan dat zij zonder controles hun taken niet kunnen uitvoeren. En steeds gaat het over geld. Geld dat afkomstig is van patiënten en burgers: zij betalen premies en belasting, maar ze hebben nauwelijks grip op dit soort discussies. Sterker nog: als het erop aankomt, staan ze buitenspel. Dat kan niet de bedoeling zijn. Wel is het zo dat burgers de aanbieders van zorg, ziekenhuizen, artsen, en anderen, meer vertrouwen dan de zorgverzekeraars.

Welke rol speelt de farmaceutische industrie?

Wie ziek wordt, heeft meestal geneesmiddelen nodig. En wie maakt die medicijnen? De farmaceutische industrie. Het gaat niet goed met de farmaceutische zorg. Nieuwe geneesmiddelen zijn erg duur, er zijn er ook steeds minder die echt iets toevoegen. Vaak zijn ze ook gericht op hele kleine groepen patiënten. Veel geneesmiddelen die als nieuw worden gepresenteerd, zijn aanpassingen van bestaande middelen. Het effect en de werkzaamheid van dat middel verschillen nauwelijks van het origineel.

Huub Schellekens weet hier alles van. Schellekens is hoogleraar Innovatie in de medische biotechnologie aan de Universiteit Utrecht. In weerwil van de grote hoeveelheid quasi-nieuwe geneesmiddelen is er volgens hem sprake van een vertraging in de ontwikkeling van medicijnen. Het gaat dan om medicijnen die echt innovatief zijn en waarvan gezondheidswinst is te verwachten in vergelijking met de bestaande middelen.

Deze opstopping heeft een aantal oorzaken. Nieuwe wetenschappelijke doorbraken in de farmacie blijven uit. De ontwikkeling van medicijnen is erg duur, vooral door de streng geregelde testfase. Die testfases kosten meer dan 1 miljard euro. Daardoor kan niet elk farmaceutische bedrijf een nieuw medicijn op de markt brengen. Op een nieuw medicijn wordt een patent aangevraagd. Dat gaat niet van vandaag op morgen. Bovendien duurt het soms tien jaar voor er een licentie van een nieuw te vergoeden medicijn wordt verstrekt.

Onder de kop *Regels frustreren de revolutie in farmacie* stellen de hoogleraren Sander van Deventer, Armand Girbes en Mervyn Singer dat risicovrees en centen tellen hinderlijk zijn voor de ontwikkeling van nieuwe farmaceutische producten (*Trouw*, 10 juni 2015). Zij bedoelen dat overheden en zorgverzekeraars zulke strenge eisen aan de testfases stellen dat alleen grote farmaceutische fabrikanten deze kosten kunnen dragen.

Regulerende autoriteiten, zorgverzekeraars en politici zijn vooral bezorgd over de prijs van dergelijke vernieuwingen, stellen de auteurs. Daardoor worden er amper tien werkelijk innovatieve medicijnen per jaar in Europa en Amerika goedgekeurd. "Als ontwikkelaars van mobiele telefoons net zo hadden gereageerd op de geruchten dat hun producten hersentumoren veroorzaken, was vernieuwing in die branche stilgevallen om te wachten op het ultieme bewijs dat mobieltjes veilig zijn", schrijven Van Deventer, Girbes en Singer.

Beslist de patiënt mee over nieuwe medicijnen?

Nee. Vooralsnog heeft de patiënt nauwelijks inspraak bij de invoering van innovatieve medicijnen. Daarom willen de hoogleraren Van Deventer, Girbes en Singer dat dit verandert. In hun betoog in Trouw pleiten zij ervoor de beslissing over de invoering van een nieuw medicijn niet uitsluitend bij de regelgevers te leggen.

Volgens hen hoort de patiënt daar nadrukkelijk bij te worden betrokken. "Natuurlijk hebben zij professioneel advies nodig, maar patiënten met ernstige aandoeningen kunnen vaak even goed of zelfs beter geïnformeerd zijn dan de

regelgevers die beslissen over de beschikbaarheid van dergelijke medicijnen."
Al met al is het voor de farmaceutische industrie gemakkelijker en goedkoper om bestaande medicijnen zodanig aan te passen dat ze als nieuwe middelen op de markt kunnen worden gebracht. Voor een nieuw geneesmiddel kan dan een hogere prijs worden gevraagd. Zolang een geneesmiddel nog is gepatenteerd en als merkmedicijn wordt beschermd, mag de concurrent dat middel niet als merkloos alternatief lanceren.

De farmaceutische industrie bepaalt zelf de prijs voor nieuwe medicijnen. Voor overheden en zorgverzekeraars is het daardoor lastig de prijzen te drukken. Bij medicijnen met een grote afzet, de *blockbusters*, verloopt na een aantal jaren het patent, die leveren nauwelijks meer een bijdrage aan de winst. Een generiek geneesmiddel, een medicijn waarvan het patent is verlopen, bevat dezelfde werkzame stof als het merkmedicijn, maar er valt veel minder aan te verdienen. Mede om die reden richt de farmaceutische industrie zich steeds meer op de ontwikkeling van medicijnen voor zeldzame ziekten. Op dat terrein valt nog veel winst te behalen. Daarom worden dit dure medicijnen genoemd.

Wat zijn dure medicijnen?

Nieuwe technieken maken het mogelijk om nieuwe medicijnen te ontwikkelen voor zeldzame ziekten. Deze biologische medicijnen, *biologicals*, worden in levende cellen gemaakt. Insuline is daar een al jaren bestaand en gangbaar voorbeeld van. Insuline, een hormoon, regelt de glucose-stofwisseling. Het wordt gebruikt voor diabetici.

De doorbraak voor biologische medicijnen vond zo'n veertig jaar geleden plaats door cellen genetisch te modificeren. Deze biologische medicijnen hebben een revolutie teweeggebracht in de behandeling van veel voorkomende ziekten als reuma en multiple sclerose. Maar *biologicals* zijn ook ontwikkeld voor zeldzame ziekten. Lastig is dat de groep die het betreft zo klein is. Daardoor is het niet eenvoudig de effecten van het toegediende medicijn goed te meten. De behandeling met dure medicijnen is duurder naarmate de groep kleiner is.

Soms lopen de kosten voor dit soort medicijnen op naar meer dan 1 miljoen euro per patiënt per jaar. Denk aan de ziekte van Pompe, een zeldzame erfelijke spierziekte, of de ziekte van Fabry, een zeldzame erfelijke stofwisselingsstoornis. De behandeling van een patiënt met Pompe kost tussen de 400.000 en 700.000 euro per jaar. Die voor iemand met Fabry zo'n 200.000 euro (Skipr.nl, 3 oktober 2013). Beide behandelingen worden uit het basispakket betaald.

Het Erasmus MC in Rotterdam is hét onderzoeks- en behandelcentrum voor de ziekte van Pompe. Volgens Ernst Kuipers, bestuursvoorzitter van dat academisch medisch centrum, is de meerwaarde van dit soort bijzondere medicijnen dat mensen in leven blijven die vaak niet meer behandeld hoeven te worden voor de complicaties op de langere termijn. Kuipers: "Daarmee kun je de komende tien tot twintig jaar een waardevolle bijdrage leveren aan gezond ouder worden en aan de genezing van mensen" (Skipr magazine, juli/augustus 2015).

De wetenschappelijke en technologische ontwikkelingen hebben er intussen toe geleid dat er een steeds meer op de specifieke patiënt gerichte behandeling met medicatie mogelijk is. Dit heet *personalized medicine*. Vooral in de oncologische zorg gaat deze ontwikkeling snel. Daardoor is kanker steeds beter te bestrijden. Maar in het ene ziekenhuis worden deze medicijnen wel vergoed en in het andere niet. Om die reden pleit KWF Kankerbestrijding voor een maatschappelijke en politieke discussie over de kosten van een extra gezond levensjaar. Ook medisch specialisten hebben zich in deze zin uitgelaten.

Wie bepaalt hoe tot welke prijs dure medicijnen worden vergoed?

Dat is een lastige vraag, omdat de effecten van de toediening van tevoren niet altijd te voorspellen zijn.

In 2012 bracht het toenmalige College voor Zorgverzekeringen (CVZ) een concept-advies uit over de vergoeding van medicijnen voor de ziekten van Pompe en Fabry. De conclusie was dat de kosten van die medicijnen niet opwogen tegen de winst in gewonnen kwalitatieve levensjaren. Er stak een storm van protest op. Vooral de betrokken patiënten waren verbolgen. De vergoeding bleef. Bij de overwegingen speelde de publieke opinie een grote rol. Niet iedereen kan het verkroppen dat er heel veel geld wordt uitgegeven aan een paar patiënten met een zeldzame aandoening, die daardoor misschien een paar maanden langer kunnen blijven leven, terwijl de buurman wegkwijnt in het verpleeghuis.

Het is onduidelijk of de betrokken farmaceutische fabrikanten een rol hebben gespeeld bij de reactie op de totstandkoming van het concept-advies van het CVZ. Het is bekend dat deze tak van industrie de publieke opinie intensief bewerkt. De grote farmabedrijven geven meer geld uit aan marketing dan aan research. Alleen al om die reden moet sponsoring van patiëntenverenigingen door de farmaceutische industrie worden ontraden.

Op Europees niveau wordt al actie ondernomen tegen de overmacht, de lobbykracht en het verdienmodel van de farmaceutische industrie. Bovendien zijn deskundigen als hoogleraar Huub Schellekens van de Universiteit Utrecht bezig zelf medicijnen te maken als vervanger van de *biologicals*; de zogenoemde *biosimilars*. Het maken van deze biosimilars kost een fractie van de biologicals, soms 70 procent minder. Er zijn al biosimilars op de markt van *biologicals* waarvan het patent is verlopen.

Uiteraard is de farmaceutische industrie hier niet blij mee en zijn er nog de nodige hobbels te nemen. Maar als er niet wordt ingegrepen, leggen de dure medicijnen op den duur een onevenredig beslag op de collectieve middelen. Daar wijst ook de Nederlandse Vereniging van Ziekenhuizen (NVZ) op, de koepelorganisatie van ziekenhuizen. Voor nieuwe dure medicijnen is op korte termijn zo'n 400 miljoen nodig, weet voorzitter Yvonne van Rooy van de NVZ (NRC, 16 september 2015).

Staat de patiënt alleen?

Niet alleen de patiënt loopt vast in het bouwwerk van de zorgsector. Uit het rapport van de Algemene Rekenkamer *Uitgavenbeheersing in de zorg* (2011) blijkt dat zelfs de minister van VWS onvoldoende informatie heeft om haar beleid te onderbouwen. Ook de Tweede Kamer moet over adequate informatie beschikken om haar controlerende taak te kunnen uitoefenen. Als deze informatie ontbreekt, kan de Kamer haar taak niet vervullen.

De Algemene Rekenkamer stelt dat de minister over 'weinig inzicht' beschikt in de ontwikkelingen van de zorguitgaven om deze 'tijdig te beheersen'. Mede daardoor 'kan zij haar verantwoordelijkheid voor de betaalbaarheid van de zorg niet voldoende waarmaken'. Er zijn enkele maatregelen getroffen, maar de opmerkingen van de Rekenkamer gelden in feite nog steeds. Dat is verontrustend.

Pas drie tot vier jaar later is definitief bekend hoeveel de zorg in een bepaald jaar heeft gekost. Het blijft dus moeilijk de ontwikkeling van de zorgkosten op tijd in kaart te brengen. De minister geeft aan dat deze uitgaven meevallen. Daarbij worden de uitgaven vergeleken met de ramingen. Dat heeft veel weg van de winkelier die korting geeft op de door hemzelf vastgestelde adviesprijs.

Hoe kan de burger verspilling tegengaan?

Burgers kunnen er veel aan doen dat er zinniger en zuiniger wordt gewerkt. Ze kunnen verspilling tegengaan door alert te blijven. Mensen moeten verantwoordelijk worden gemaakt voor hun eigen gezondheid. Geef ze dus daadwerkelijk de regie. De eerste besparing ligt bij de burger die zich aan de voorschriften van de dokter houdt en zijn medicijnen op tijd inneemt, hoeveel dat er ook mogen zijn. De tweede besparing is niet met elk kuchje naar de arts gaan om een verwijsbriefje voor de medisch specialist te halen.

Voor elk wissewasje een bloedonderzoek laten doen, een hartfilmpje maken of een scan ondergaan, is volstrekt onnuttig. Gebeurt dat wel, dan ligt overbehandeling op de loer. Dan worden burgers verslaafd gemaakt aan een industrie die bovenal pretendeert te weten hoe wij er als mensen voorstaan. Maak de zorg kleiner. Ga verspilling tegen. Leer mensen hoe ze kunnen weten of hun kind gezond is of niet. En begin daar op de basisschool mee. Een ander voorbeeld is dat burgers de zorgverzekeraar consequent wijzen op onnodige uitgaven, vreemde rekeningen of de apotheker bestoken met lastige vragen over hun medicijngebruik.

Overdreven angst leidt tot overbodige zorg. Van de burger mag bewustwording en terughoudendheid worden verwacht. Als het wijkteam functioneert en de mantelzorgers en vrijwilligers in de buurt bereid zijn zich voor anderen te blijven inzetten, hoeft eenzaamheid geen reden tot zorg te zijn. Bij chronisch zieke ouderen valt al waar te nemen dat zij zich bewust worden van de vele dure behandelingen die zij ondergaan. Zolang zij niet uit angst, dus ten onrechte, wegblijven bij de huisarts, werkt dat remmend op de kosten van de zorg.

Wie bepaalt uiteindelijk de waarde van leven?

In de discussies over de waarde van een mensenleven lijken de harde getallen de basis te zijn. In de praktijk ligt dit niet zo simpel. Drie maanden langer leven kan voor een moeder met kleine kinderen meer waarde hebben dan voor iemand die hoogbejaard is. Maar is dat ook zo? Enerzijds hangt de waarde van een mensenleven niet af van het lichamelijk functioneren, maar ook van de geestkracht, levenslust en de inbedding in de familie en de samenleving. Uiteraard speelt ook mee hoezeer de patiënt zelf aan het leven is gehecht. Wie bepaalt dan wat een aanvaardbare kwaliteit van leven is? De dokter, de zorgverzekeraar of de patiënt? Er is er maar één die daarover gaat: de patiënt. Dat moet niet de dokter of de zorgverzekeraar bepalen, want dan is het hek van de dam. Steeds dient het daarbij te gaan om de balans, dus om ethiek en verantwoordelijkheid. Om de bescherming van het leven, de schade die je niet mag toebrengen aan een ander, om sociale gerechtigheid, respect en de autonomie van de patiënt.

Wij menen dat de discussie over de waarde van een mensenleven anders moet worden gevoerd. Daarbij speelt geld ook een rol, want hoeveel geld mag er worden besteed in relatie tot de uitkomst van de behandeling? Daarom is proportionaliteit van groot belang. Evenredigheid en redelijkheid zijn voorwaarden voor een open en fair debat. Publiekelijk en in samenspraak met de burgers. Pas dan is het aan de politiek om een richtlijn aan te geven en beslissingen te nemen voor de manier waarop burgers in een open samenleving met dit soort zware thema's dienen om te gaan.

De kosten van zorg zijn afhankelijk van een zinnig en zuinig gebruik. Hier is een wereld te winnen. Gelukkig komt er steeds meer aandacht voor verspilling. Toch mag het debat over de waarde, dan wel de proportionaliteit van een mensenleven nooit ten koste gaan van de inspanningen om de zorg doelmatiger te maken. Hier is de burger aan zet. Het is zijn geld waarmee ondoelmatig wordt omgegaan.

Michel van Schaik:
"BETREK DE PATIËNT BIJ INNOVATIEVE OPLOSSINGEN"

"De Nederlandse gezondheidszorg is heel goed. Dat mogen we gerust uitstralen. Maar de zorg is niet toekomstbestendig. Dat komt doordat het aanbod van zorg centraal staat en niet de vraag. Daardoor is er overcapaciteit. Als er te veel capaciteit in de markt is, zijn ziekenhuizen onvoldoende in staat of bereid te veranderen en te innoveren. Daarmee krijgt de burger niet wat hem toekomt."

Michel van Schaik (1960) is directeur gezondheidszorg Rabo Nederland. Zijn afdeling heeft 8 miljard euro uitstaan in de 'gezondheidsbusiness'. Naast langlopende leningen vooral werkkapitaal: de rekening-courant waarvan een zorginstelling gebruik kan maken om de salarissen vooruit te betalen.

"We praten met iedereen. Maar wij maken keuzes. We selecteren aan de poort en zijn al jaren terughoudend om te investeren in vastgoed. Daar profiteren we nu van, want wij hebben geen enkel ziekenhuis in de boeken dat in de problemen is."

Van Schaik noemt de discussie over marktwerking in de zorg achterhaald. "In Nederland hadden we een paternalistisch systeem dat volledig door de overheid werd gestuurd. Daarna werd via prestatiebekostiging marktwerking ingevoerd." Met gevoel voor understatement zegt hij: "Dat heeft niet opgeleverd wat nodig is."

Hij pleit voor een andere benadering. "De overgang van een egosysteem naar een ecosysteem is dringend gewenst. De arts, de zorgverzekeraar en wij als bank moeten steeds de vraag stellen wat de samenleving, dus de burger, eraan heeft. Van ego naar eco: wat telt, is zo te handelen dat je waarde toevoegt voor de burger."

De samenleving verandert, de vraag van burgers verandert; er komen meer ouderen bij die meerdere ziekten hebben. "Het huidige systeem is niet meer van deze tijd. Kwetsbaarheid, eenzaamheid: daar geeft het onvoldoende antwoord op. In plaats van met zijn allen aan het systeem te blijven sleutelen, is het zaak te leren denken vanuit innovatie en ondernemerschap."

Veel medisch specialisten staan onder druk van hun bestuurder. Ze moeten omzet draaien, ze voelen zich onmachtig en niet meer verbonden met hun beroep. "Er zijn te veel verbroken verbindingen in dit zorgsysteem. Net als veel burgers voelen artsen zich niet meer senang."

"Je lost dit niet op door vanuit Den Haag in te grijpen. Deze verbinding kan alleen worden hersteld door leiders die zeggen: 'Jongens, we gaan iets heel nieuws ontwikkelen. We geven weer betekenis en inhoud aan ons vak. En met allerlei digitale hulpmiddelen voegen wij maximale waarde toe voor de patiënt en ons beroep'."

Moreel leiderschap is nodig. Banken en zorgverzekeraars worden niet vertrouwd, artsen wel. Op hen moet een beroep worden gedaan. "Medisch specialisten, klinische toppers, horen de leiding te nemen om het zorglandschap te veranderen. Begin bij de inhoud, bij de aanbieders. En laat zorgverzekeraars en banken ze ondersteunen."

In dit verband prijst hij Bas Bloem, hoogleraar neurologische bewegingsstoornissen aan de Radboud Universiteit en oprichter van Parkinson Centrum Nijmegen (ParC). "Bloem is gedreven vanuit passie en inhoud. Hij wil niet dat patiënten met Parkinson elke keer naar die grote tempel in Nijmegen hoeven te komen als er ook internet is. Dus heeft hij iets ontwikkeld dat niet alleen toegankelijk is voor de patiënt, maar ook waarde toevoegt voor allerlei hulpverleners buiten het ziekenhuis."

Bas Bloem heeft gezag binnen zijn beroepsgroep. En hij wordt door de burgers geloofd. Dat geldt ook voor Daan Dohmen van FocusCura, een snelgroeiend bedrijf in thuistechnologie dat met Apple 'fantastische dingen doet voor kwetsbare ouderen'.

"Geef dit soort mensen de ruimte geven om innovaties te ontwikkelen, wetende dat we goede dokters en researchinstituten hebben. Dan helpen we daar niet alleen de Nederlandse burger mee, maar kunnen we Nederlandse zorginnovaties exporteren. Dan wordt de zorg een exportproduct."

Een groot deel van de zorg waarvoor mensen nu nog naar een traditionele instelling gaan, gebeurt in de toekomst thuis, voorspelt hij: "Burgers pakken de regie over hun eigen leven terug met behulp van allerlei consumententechnologie. Laat Nederland de proeftuin, het laboratorium van dit soort zaken worden."

Van Schaik wijst erop dat Nederland een opvallend goede gamingindustrie, goede opleidingsinstituten en veel technologische start-ups kent. "Als bank willen wij jonge ondernemers verbinden met het ziekenhuis. Wij investeren in platforms voor startende ondernemingen, meestal een combinatie van technologie en dokters. Bovendien zijn we bezig met een nieuw investeringsfonds, zodat starters in de zorg meer risicodragend kapitaal kunnen krijgen."

Hij is enthousiast over de concentratie van zorg in het Prinses Máxima Centrum voor kinderoncologie in Utrecht. "De initiatiefnemers willen de overlevingskans van kinderen met kanker verhogen van 70 naar meer dan 90 procent. Wij als bank geloven in dit concept. Je merkt het meteen als je met ze praat. Zij zijn gedreven door klantwaarde, ze willen er een toonaangevend Europees centrum van maken. Daar steken wij onze nek voor uit."

Aan de andere kant kan de bank fusies van ziekenhuizen tegenhouden, als die bijvoorbeeld slecht onderbouwd zijn vanuit het belang voor de burgers. Waar let hij dan op? "Ken je klant. Gebruik je gezonde boerenverstand: dit klopt niet, dat voelt niet goed. Weet wat de toegevoegde waarde is."

"Als financier hebben wij een zakelijke verantwoordelijkheid en een zakelijk belang. Enorm veel macht, als je het in die termen wilt zeggen. Misschien zelfs meer macht dan de zorgverzekeraars."

"Wij weten veel meer van een bedrijf, omdat we heel gedetailleerd de businesscases opvragen. Zorgaanbieders hebben vaak grote schuldposities bij banken." Nauwgezet weegt hij zijn woorden af: "Ons gaat het erom onze invloed ten dienste van de samenleving in te zetten."

Ja, de inzet van burgers is nodig om van onderop veranderingen te helpen verwezenlijken, zegt Van Schaik: "In de zorg bestaat de neiging om alles centraal te willen inrichten. Dat kan beter: zoek samen naar oplossingen. Laat ziekenhuizen meer aansluiten bij de digitale snelwegen die er al zijn. Betrek de patiënt bij innovatieve oplossingen, zodat dokters weten wat die echt wil."

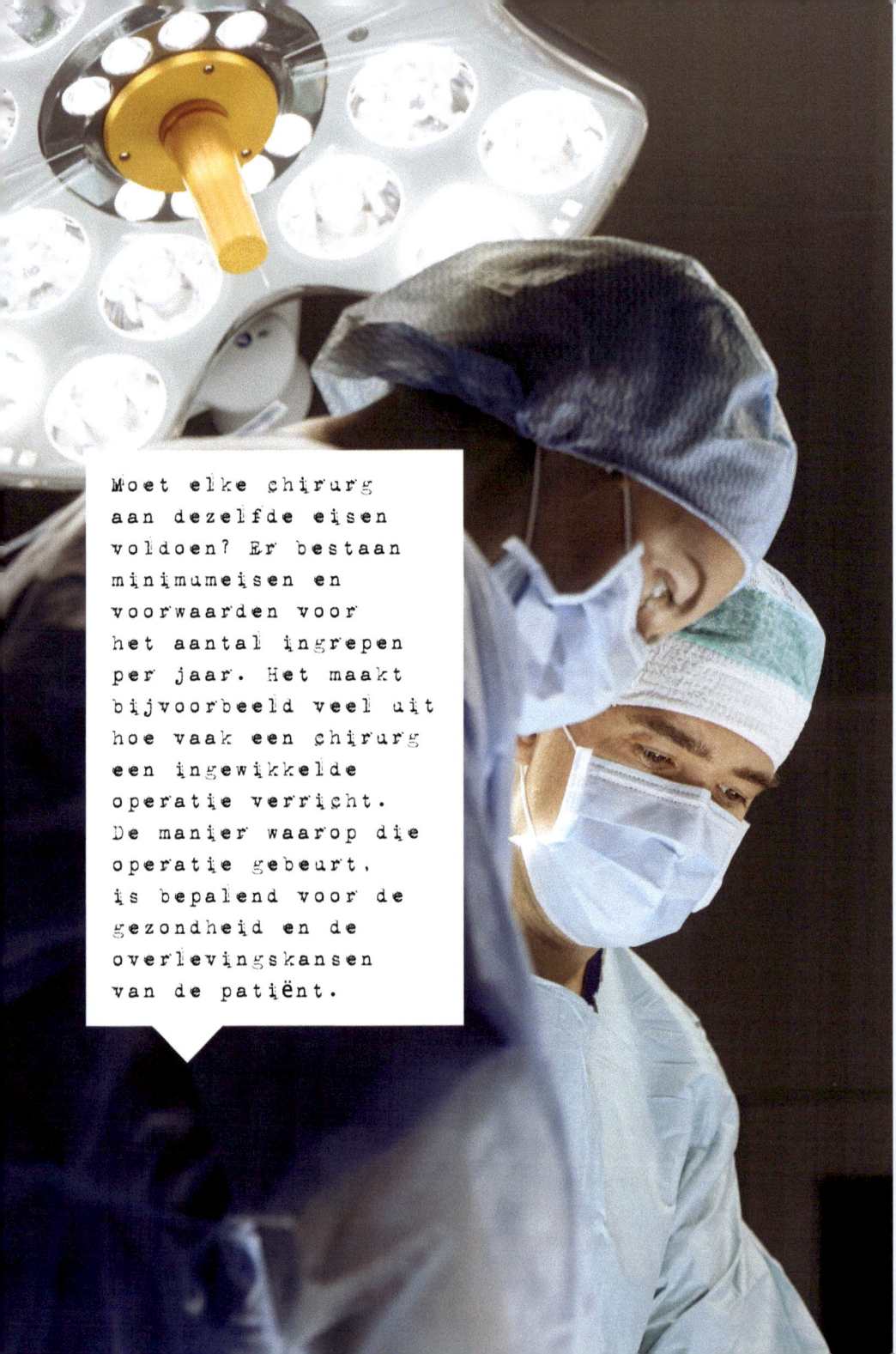

Moet elke chirurg aan dezelfde eisen voldoen? Er bestaan minimumeisen en voorwaarden voor het aantal ingrepen per jaar. Het maakt bijvoorbeeld veel uit hoe vaak een chirurg een ingewikkelde operatie verricht. De manier waarop die operatie gebeurt, is bepalend voor de gezondheid en de overlevingskansen van de patiënt.

Waar
voor uw geld

Iedereen leert tijdens zijn leven hoe hij of zij zich het beste kan gedragen. Iedereen leert hoe conflicten kunnen worden vermeden. Als het een keer tegenzit, krabbelt de mens weer overeind, zo goed en kwaad als dat gaat. Maar ziek zijn, dat leert niemand op school. Daar moet elke patiënt zelf mee zien om te gaan. Op uw gezondheid kunt u letten, er zijn allerlei methoden voor. Ziekte is te voorkomen door genoeg te bewegen, gezond te eten, weinig alcohol te drinken, stress af te bouwen en op tijd naar bed te gaan. Geen roofbouw, ook dat heet preventie.

Pas als u onverwacht kanker blijkt te hebben of een zware hartaanval krijgt, merkt u hoe belangrijk het is dat u bij de juiste dokters terechtkomt. Mensen die u beter willen maken, die u kunt vertrouwen. Wie een keer flink door de mangel is gehaald, weet wat het is om afhankelijk te zijn en nederig te worden. Er wordt beweerd dat iedereen dezelfde optimale zorg krijgt. Dat klopt niet. Want niet iedereen is gelijk en lang niet iedereen snapt wat er in de zorg precies gebeurt. Slechts enkelen zijn assertief genoeg om elke hindernis op tijd te mijden, alle mogelijkheden te doorgronden en de juiste wegen te vinden. Zelfs de hoog opgeleide burger met een grote woordenschat, een goed inkomen en soms een aardig vermogen klapt dicht als de boodschap fataal is. Dan helpt zelfs een zorgvuldig gesponnen netwerk niet meer.
Helaas draait het in de zorg steeds om geld, terwijl de kwaliteit het belangrijkste is. Daar is nog altijd weinig van bekend. En juist dat wil de patiënt weten: of de

dokter op zijn minst goed genoeg is om hem beter te maken. Anders gezegd: krijgt u waar voor uw geld?
De Nederlandse gezondheidszorg doet het in internationale vergelijkingen jaar in jaar uit uitstekend. Maar net als andere delen van de samenleving heeft de zorg te maken met steeds verder doorgevoerde technologisering, met de behoefte om alles te kwantificeren en vast te leggen in cijfers en protocollen. Algoritmes lijken allesbepalend te zijn geworden, elke handeling moet meetbaar zijn en worden vastgelegd. Meten is weten, is de slogan van de eeuw. Terwijl er in de zorg lang niet altijd voor de volle honderd procent rationeel kan worden verklaard wat er met iemand aan de hand is, hoe graag sommigen dat uitgangspunt ook aan iedereen willen opleggen.

Is de kwaliteit van zorg overal hetzelfde?

Net als in de langdurige zorg of bij de huisarts loopt de kwaliteit van zorg in de ziekenhuizen uiteen. Elke individuele arts heeft zijn eigen opvattingen en criteria over kwaliteit. Maar de ene dokter is nu eenmaal beter dan de andere. De kans op een medische misser, infectie, complicatie of een heroperatie is in het ene ziekenhuis groter dan bij het andere. Soms is dat verschil wel vier of vijf keer zo groot. Daarom is het zaak dat medici hun vaardigheden op peil houden en waar mogelijk hun kennis concentreren in specialistische centra. Het scheelt bijvoorbeeld nog steeds welke medisch specialist in welk ziekenhuis een operatie uitvoert. Er zijn heel goede slokdarmchirurgen of chirurgen die uitblinken in de operatie van een knobbelteen, zoals in de Sint Maartenskliniek in Nijmegen. Goede ziekenhuiszorg heeft te maken met vakmanschap. Met de prestaties van artsen. Met vertrouwen. Iedere chirurg, steeds vaker ook een zij, is individueel verantwoordelijk en aanspreekbaar voor de eigen kwaliteit. Zo hoort het. Maar er zijn ook minder goede dokters. En slechte dokters, die pas na lang aarzelen worden ontmaskerd.

Moet elke chirurg aan dezelfde eisen voldoen?

Er bestaan minimumeisen en voorwaarden voor het aantal ingrepen per jaar. Het maakt bijvoorbeeld veel uit hoe vaak een chirurg een ingewikkelde operatie verricht. De manier waarop die operatie gebeurt, is bepalend voor de gezondheid en de overlevingskansen van de patiënt.

Standaardingrepen, zoals een totale heupprothese, kunnen haast aan de lopende band worden verricht. Wordt deze operatie vanaf de voorkant verricht, de 'voorste benadering', dan worden de spieren niet losgesneden van het bot. De patiënt heeft minder pijn en het herstel verloopt sneller dan als de operatie, traditioneel, via de zijkant wordt verricht. Toch geven veel orthopedisch chirurgen nog altijd de voorkeur aan de laatste, conventionele methode, met goed resultaat.

Een zware operatie bij darmkanker die is uitgezaaid naar het buikvlies komt veel minder vaak voor. Die vergt een bijzondere expertise en wordt slechts in enkele ziekenhuizen toegepast. Een chirurg moet zo'n ingreep regelmatig doen voor hij er bedreven in raakt. Het gaat hier om de HIPEC, een combinatie van een operatie en chemotherapie die direct op de operatiekamer wordt toegediend. Zelfs dan is genezing niet altijd haalbaar.

In alle gevallen is het zaak dat de patiënt zich goed informeert en duidelijk wordt voorgelicht door de arts.

De beroepsgroepen van medisch specialisten hebben de meeste kennis over en invloed op de vraag hoeveel verrichtingen iemand moet doen om de juiste kwaliteit van zorg te behalen. Op dit terrein is er de laatste jaren veel verbeterd. Daardoor bestaan er inmiddels reeksen afspraken en protocollen waaraan medische handelingen moeten voldoen.

Valt alle kwaliteit te meten?

Expliciete kwaliteit op basis van het aantal bedden, operaties, complicatie- en sterftecijfers is heel goed meetbaar. Maar voor de patiënt tellen andere zaken, zoals de bejegening, dus de manier waarop de medisch specialist met hem of haar communiceert. Wie de kwaliteit van zorg slechts op basis van protocollen meet, slaat de plank mis. Ook zorgverleners melden zich mentaal af als zij zich alleen aan protocollen en statistieken mogen houden. Deze onderstroom is heftiger dan in politiek Den Haag wordt verondersteld. Dat is hachelijk. Huisartsen, fysiotherapeuten en verpleegkundigen zijn minstens even teleurgesteld als tandartsen en medisch specialisten.

De demotivatie is groot, ook bij jonge artsen die minder snel een opleidingsplaats of baan krijgen. Zij wijken regelmatig uit naar het buitenland. Als hulpverleners uitsluitend aan standaarden moeten voldoen en niet meer gedeeltelijk op basis van eigen inzicht en intuïtie mogen werken, wordt de gezondheidszorg steeds grijzer. Dat gaat ten koste van het werkplezier en onherroepelijk ook van de kwaliteit. Daar mogen de patiëntenverenigingen zich drukker over maken.

Wie is er verantwoordelijk voor de kwaliteit?

De prestaties van het hele ziekenhuis zijn bepalend voor de 'omgevingskwaliteiten'. Bejegening, omgeving, de parkeerplaats, hoe het in en om het ziekenhuis is georganiseerd, alles heeft invloed op de manier waarop de kwaliteit van zorg wordt waargenomen. Het gaat dan om meer dan de kwaliteit van de artsen. Welk type ziekenhuis is het: een academisch medisch centrum of een klein regionaal ziekenhuis? Hoe is dat ziekenhuis georganiseerd, hoe is de sterilisatie geregeld, zijn er sluitende afspraken gemaakt tussen de artsen onderling? Wordt de huisarts op tijd ingelicht? Bestaat er een duidelijke regeling met een verpleeghuis in de buurt als de patiënt voor zijn herstel niet meteen naar huis kan?

De dokters en de verpleegkundigen zijn verantwoordelijk voor de medische kwaliteit. De maatschappen van specialisten in een ziekenhuis en hun beroepsgroepen hebben er eveneens van alles over te zeggen. Het management is verantwoordelijk voor alle organisatorische zaken die rondom het bed van de patiënt zijn afgesproken. Dat kan botsen, want managers komen niet vaak kijken op een operatiekamer. Ze schuiven niet gauw aan bij het bed van een patiënt.

Is het aantal operaties doorslaggevend?

Niet helemaal. Iemand die iets tien of honderd keer per jaar doet, doet dat gewoonlijk beter dan iemand die het één keer per jaar doet. Dat geldt voor professionele pianisten, voor toptennissers en voor medisch specialisten. De Amerikaanse chirurg Atul Gawande heeft aangetoond dat medisch specialisten, vooral chirurgen, bepaalde ingrepen vaak moeten verrichten voor ze werkelijk goed zijn in hun vak. Het motto van Gawande is: 'Oefenen, oefenen, oefenen.'
Juist bij specialisten speelt de kwaliteit van de omgeving een bepalende rol. In een ziekenhuis dat zijn zaakjes perfect op orde heeft, doet een specialist die minder vaak een ingewikkelde operatie verricht het misschien beter dan een zeer ervaren chirurg die in een ziekenhuis werkt waar het een rommeltje is. Het is dus niet vanzelfsprekend dat de laatste de beste dokter is.
In de relatie tussen kwaliteit en kwantiteit geldt bovendien de wet van de verminderde meeropbrengst. Op een gegeven moment wordt een punt bereikt waarbij de kwaliteit niet verder toeneemt, zelfs als de chirurg nog meer ingrepen verricht.

Wat doen de bestuurders en toezichthouders?

De raad van bestuur is verantwoordelijk voor alles wat er in het ziekenhuis gebeurt, ook als er een medische misser wordt gemaakt, een calamiteit plaatsvindt, als de stroom opeens uitvalt of de kelder overstroomt na een breuk in de waterleiding. Het bestuur gaat over de ontwikkeling en de koers van het ziekenhuis. Steeds vaker worden bestuurders bovendien afgerekend op de reputatie van het ziekenhuis. Gaat het ergens in huis een keer mis en lekt dat uit, dan staat er prompt een cameraploeg van Nieuwsuur of EenVandaag op de stoep, met alle opwinding die daarmee gepaard gaat.

In een raad van bestuur en in een raad van toezicht, die toeziet op de bestuurder, moeten tegenwoordig mensen zitten met een groot verantwoordelijkheidsgevoel. Van een ziekenhuisbestuurder mag worden verwacht dat hij of zij 'zowel het kompas hanteert als regisseur is'. Dat schrijven Hanke Lange, Hanneke Beijer en Hein Abeln in *Bestuurskracht. Vuistregels voor de inrichting van het ziekenhuisbestuur* (2013). Lange, Beijer en Abeln wijzen erop dat de maatschappelijke druk op de samenstelling van raden van bestuur toeneemt.

"Zij zijn het gezicht geworden van hun ziekenhuis. Ze worden onder de loep genomen als eindverantwoordelijke. Namens iedereen die in een ziekenhuis werkt, leggen zij rekenschap af aan alle belanghebbenden en de publieke opinie." Een zware taak die steeds ingewikkelder wordt.

De raad van toezicht is de feitelijke werkgever van de raad van bestuur. Een raad van toezicht doet er bij uitstek toe als het gaat om aanstelling en ontslag van het bestuur. Juist dan moet met name de voorzitter van de raad van toezicht achter de coulissen een actieve rol spelen, stellen de drie auteurs. Daarom horen toezichthouders verstand te hebben van zorg, van kwaliteit, van geld en communicatie. Intussen beklagen toezichthouders zich er steeds vaker over dat ze worden gekneveld door de vele nieuwe regels waaraan zij moeten voldoen.

Harry Borghouts, voormalig Commissaris van de Koningin in Noord-Holland, was in 2007 voorzitter van de raad van commissarissen van het Dokter J.H. Jansenziekenhuis in Emmeloord en het Zuiderzeeziekenhuis in Lelystad. Borghouts stelde zich op het standpunt dat de raad van toezicht niet verantwoordelijk was voor de kwaliteit van deze noodlijdende ziekenhuizen. Dat kan echt niet meer.

Wat is de rol van de zorgverzekeraars?

Zorgverzekeraars horen niet op de stoel van de dokter te zitten. Dat willen zij ook niet echt. Nederland telt vier grote en een aantal kleinere zorgverzekeraars. Zij bewaken de pot met geld die jaar in jaar uit door trouwhartige burgers wordt volgestort. De zorgverzekeraars, de regisseurs van de zorg, moeten goed op deze premiegelden letten en de kosten niet onnodig laten stijgen. Dat wil de overheid.

Zorgverzekeraars zijn niet populair. Dat komt doordat dokters, bestuurders van ziekenhuizen en patiënten het lang niet altijd eens zijn met de besluiten die de zorgverzekeraar neemt, bijvoorbeeld als dure medicijnen opeens niet meer worden vergoed. Bovendien wordt hen verweten miljarden euro's per jaar winst te maken die niet ten goede komt aan de zorg. De nogal onbuigzame opstelling van koepelorganisatie Zorgverzekeraars Nederland voor de afschaffing van de vrije artsenkeuze die snoeiharde kritiek en een sterke lobby van zorgaanbieders opriep, leidde eind 2014 bijna tot de val van het kabinet-Rutte II.

Een zorgverzekeraar die de kwaliteit van zorg gebruikt om te reorganiseren of die de fusie van zorginstellingen door wil drukken, heeft een ander doel voor ogen. Hij wil te nadrukkelijk een vinger in de pap houden en sturen. Dat is niet zijn taak, want daar horen andere toezichthouders op te letten, zoals de Autoriteit Consument & Markt (ACM).

Kan de kwaliteit van zorg worden gemeten?

Ja, maar nog te beperkt. Er zijn wel allerlei criteria en afspraken voor ontwikkeld. Als iemand een arm breekt, is dat meetbaar. Zodra het om de kwaliteit van leven gaat, of om geestelijke problemen, dan is dat van een andere orde. En wie wil er werkelijk bepalen wat de kwaliteit van leven voor een individu is?

Een ander punt is als er uitsluitend wordt betaald op grond van kwaliteit, op basis van uitkomsten of resultaten. Stel dat dit kan, dan ontstaat er al gauw een oneigenlijke relatie tussen kwaliteit en geld. Dat kan een negatieve uitwerking hebben.

Als een operatiekamer niet steriel is en de bacteriën zich daar massaal vermenigvuldigen, roept iedereen dat dit niet kan. Maar niet alle kwaliteit van zorg is objectief te meten. Want meten levert vaak een schijnwerkelijkheid op. De zorg geeft in elk geval gedeeltelijk geen waar voor zijn geld. Is dat erg? Niet altijd. Want zorg blijft mensenwerk.

Heeft de patiënt invloed op de kwaliteit van zorg?

De patiënt heeft weinig invloed op de kwaliteit van de behandeling. Dat komt doordat hij voor de beoordeling van de zorg vooral afhankelijk is van de eigen beleving en niet alleen van het oordeel dat de arts geeft. De patiënt kan wel iets zeggen over de manier waarop die is bejegend en ontvangen, hoe lang hij of zij heeft moeten wachten, of er makkelijk kon worden geparkeerd, hoe duur dat was of hoe ver er moest worden gereisd. Elke persoonlijke waarneming is subjectief. Waarnemen heeft te maken met gevoel en intuïtie, met bejegening, communicatie. En vooral met de manier hoe iemand wordt benaderd door de dokter of verpleegkundige. Wat de arts vertelt en de manier waarop dat gebeurt, bepaalt de indruk die achterblijft.
Elke observatie kan afwijken van wat er werkelijk gebeurt, zeker in de zorg.
Een patiënt in stress heeft de neiging de eigen dokter de beste van de wereld te vinden. Wie twijfelt aan de dokter, wordt niet beter, is de gedachte. De dokter weet meer en kan iemand beter maken. Of niet, maar daar denkt liever niemand aan. Wie echt invloed wil hebben op de kwaliteit van de behandeling, moet dus meer toegang krijgen tot de data van de dokter. Die gegevens komen mondjesmaat naar buiten. Neem de sterftecijfers in een ziekenhuis. Of de resultaten van de individuele arts. Die feiten zijn niet van vandaag op morgen bij het grote publiek bekend. Gelukkig krijgt de patiënt langzaam maar zeker enig zicht op de kwaliteit van het ziekenhuis en de dokter waar hij heen wil. Via internet is veel informatie over een aandoening te vinden. Steeds meer ziekenhuizen koesteren hun patiëntenfora. Dat is een pluspunt, maar meebeslissen in de zorg, *shared decision making*, staat nog in de kinderschoenen.

Kan een patiënt de kwaliteit van zorg wel beoordelen?

Dat is afhankelijk van de aandoening, van de dokter en het type mens. De gezondheidszorg is onder meer zo complex omdat de mens complex is. Er zijn nu eenmaal horken van dokters, net als dat er lastige patiënten zijn die gauw op hun tenen zijn getrapt. Een dokter die goed communiceert, hoeft geen goede chirurg te zijn. Soms is de autistische chirurg die geweldig opereert zelfs beter dan zijn collega die de gangmaker op elk feestje is.

Maar de burger is niet gek. Ook hij kan in elk geval iets zeggen over de kwaliteit van zorg en die beoordelen. Zorg mag emotie zijn, patiënten weten heel goed hoe zij die zorg zelf ervaren. "Patiënten vertrouwen op de kwaliteit van de Nederlandse gezondheidszorg en maken verder gebruik van hun eigen zintuigen om een mening te vormen", schrijft Paul Arakelian, directeur en oprichter van P5COM, het organisatiebureau voor prestatieverbetering in de zorg (*Medische Innovatie Special*, NVZD, 2015).

Arakelian wijst erop dat patiënten niet letten op parameters als 'hightech apparatuur en de details achter de komma van een operatie'. Wat de patiënt beleeft, is gekleurd, weet hij, maar ook dat is meetbaar. De beleving van zorg valt dus net zo goed in cijfers en statistieken uit te drukken als de prijs van de zorg.

Om dit te staven, is zijn bedrijf gaan turven bij de balie van een medisch specialisme in het ziekenhuis. Al gauw kon objectief worden aangetoond wat de patiënt van de zorg vindt. Een dokter die betrokken is en goed luistert, die zijn patiënten aankijkt en interesse toont, doet het steevast beter dan de arts die tijdens het consult ongevraagd de telefoon opneemt of een sms beantwoordt. Wie patiënten op hun gemak stelt, mag rekenen op meer vertrouwen. Ook zichtbare samenwerking met andere zorgverleners is een pre. Publieke beoordelingen zijn niet meer weg te denken uit de zorg. Niet voor niets constateert Arakelian dat de mening van het grote publiek, 'noem het een onderbuikgevoel of perceptie', al lang zijn weg vindt via het internet.

Prijs, product én doelmatigheid zijn belangrijke pijlers waarop de zorg rust. Maar er is meer dan public relations, marketing en propaganda. Een mooi verhaal is meegenomen, als de patiënt zich daar niet in herkent, haakt die af. En één ontevreden klant kost al gauw twintig potentiële patiënten, weten ze bij P5COM, dat twee keer is beloond met de Gazelle Award van *Het Financieele Dagblad*, het laatst in 2014.

Ziet de patiënt door de bomen het bos nog?

Nee. Daarom moeten burgers en patiënten meer te weten krijgen over de meetbare kwaliteit. Dat kan, maar het vergt interesse. Denk aan de vraag hoe vaak er een complicatie of een medische misser voorkomt en hoe vaak een operatie moet worden overgedaan. Dat zijn objectieve gegevens. Helaas duurt het veel te lang voor dit soort feiten consequent openbaar wordt gemaakt.
Wie een fiets, een stofzuiger, een tandenborstel of een wasmachine koopt, krijgt vaak meer voorlichting dan iemand die een aandoening heeft. Vanzelfsprekend moet een patiënt zelf willen weten wat hem mankeert en goed luisteren naar wat de specialist vertelt. Daarna moet hij doen wat wordt geadviseerd, bijvoorbeeld op tijd de juiste medicijnen innemen.
De patiënt is in de eerste plaats afhankelijk van de huisarts. Soms vertrouwt de patiënt de huisarts niet. Andere keren neemt de huisarts iemand niet serieus en moet de patiënt te lang wachten voor er verder onderzoek wordt verricht. Daarnaast speelt de vaak slecht geregelde, knullige overdracht in ziekenhuizen of tussen ziekenhuizen en huisartsen een rol. Van het kastje naar muur: in de zorg is dat gewoon. Hier schiet de kwaliteit van zorg duidelijk tekort.
Het is verder opvallend dat huisartsen compleet zelfstandig kunnen werken en dat er gezondheidscentra zijn die inefficiënt worden bestuurd. Of dat een ziekenhuis voor de overdracht van zijn patiënten met misschien wel tachtig huisartsen te maken heeft, terwijl diezelfde huisartsen niet eens een goed functionerende zorggroep willen vormen.

De omgeving waar de individuele kwaliteit van zorg zich afspeelt, kan veel beter worden georganiseerd in het voordeel van de patiënt. Het gaat dan om de bejegening, de informatieoverdracht en de afstemming tussen ziekenhuis en huisarts. Als dat gebeurt, kan er veel geld worden bespaard. Patiëntenverenigingen en zorgverzekeraars mogen op dit gebied een grotere rol spelen. Maar dat durven ze niet. Omdat ze bang zijn voor boze dokters.

Is de patiënt aan zet?

Het is moeilijk om je als de literaire fantast Baron van Münchhausen aan de haren uit het moeras te trekken. Er is dus iemand nodig die ervoor zorgt dat er effectiever wordt gewerkt. Zonder sturing door de overheid of de zorgverzekeraars verandert er weinig. Maar die sturing ontbreekt, omdat allerlei gevestigde belangen elkaar blokkeren. Artsen hebben bijvoorbeeld moeite in een strakke organisatie te werken. Zij verschuilen zich achter hun professionele autonomie.

Ook patiënten hebben een rol. Zij zijn de gebruikers van zorg. Het lastige van patiënten is dat zij soms wel en soms geen patiënt zijn. Op onverwachte momenten staan zij wankel in hun schoenen of hebben ze te kampen met de emotionele gevolgen van een intensieve behandeling. De mondige burger die nog geen patiënt is, heeft meer invloed op de sturing van de zorg. Geef die burger dan de mogelijkheid invloed uit te oefenen. Burgers kunnen meer zorgcoöperaties oprichten. In een coöperatie wordt de verantwoordelijkheid beter gedeeld. Dat is een oplossing. Wil de burger meer te zeggen hebben over de kwaliteit, dan dient hij niet slechts invloed te krijgen maar deze invloed ook te benutten.

Verwacht de overheid te veel van de burger?

Zieke mensen zijn vaak ouder en minder mondig. Maar ook zij moeten aan de bak. Dat is het gevolg van hoe onze samenleving is georganiseerd. Ook ouderen dienen in de participatiesamenleving zelf meer te regelen.

In de gesloten maatschappij van vroeger was dat anders geregeld. Daar gebeurden dingen waar niet zoveel aan kon worden gedaan. De bovengestelden regelden de zaakjes onder elkaar. Als gedienstige inwoner hoefde je er niet al te diep over na te denken. Voor veel mensen wordt het niet gemakkelijker als de eigen verantwoordelijkheid toeneemt. Het verhaal van de eigen verantwoordelijkheid en de participatiesamenleving is bedoeld voor hoger opgeleide burgers. Mensen die recht van lijf en leden zijn, een goede opleiding hebben en kunnen werken. Op hen richt zich de meeste communicatie van de overheid, de ziekenhuizen en de zorgverzekeraars. Voor een deel van de mensen hoeft de eigen verantwoordelijkheid in de zorg niet zo nodig. Het is een taboe, maar zij hebben daar weinig mee. Ze willen niet, ze kunnen niet. Vaak is er ook meer aan de hand dan wat er met blote oog te zien valt.

Deze mensen willen zich niet druk hoeven te maken over de zorg die ze krijgen. Ze willen wel de garantie hebben dat hun dokter goed is. En zij willen netjes worden geholpen. Zorg dan dat het systeem ook voor hen in orde is. Verwacht niet van alle mensen dat ze overal mee instemmen. En val ze niet lastig met mooie verhalen die over hun hoofden heen gaan.

Het is één aspect of burgers invloed hebben op het systeem en eraan willen meewerken dat het beter functioneert. Maar veel Nederlanders hebben geen idee hoe het zorgstelsel in elkaar steekt. Zij hebben daar geen belangstelling voor. Zij kunnen dat niet opbrengen en zij willen het niet. Dit is niet per se verwijtbaar.

Wie naar een garage gaat, verwacht dat de garagehouder een auto levert die hem niet een uur later in de steek laat. Als de garagehouder uitlegt hoeveel pk de wagen heeft, haken veel kopers af. Wie slim is maar niets van natuurkunde snapt, is op dat terrein net zo'n analfabeet als de burger die het zorgstelsel niet begrijpt.

Het is de taak van de intellectuele voorhoede om het pad te effenen. Deze mensen zijn behalve voor zichzelf tevens verantwoordelijk voor de zwakkeren in de samenleving. Dat is een vorm van maatschappelijke verantwoordelijkheid. Het is nodig dat de zorg goed wordt geregeld voor hen die daar minder belangstelling voor hebben of er minder van snappen. Dat schept binding.

Het is de smeerolie van de gezondheidszorg in Nederland. En misschien wel van de hele samenleving.

Wordt er genoeg uitgelegd in de zorg?

Nee. In de zorg worden vooral containerbegrippen gebruikt. Lege hulzen waar iedereen alle kanten mee op kan. Neem 'De patiënt centraal' en 'Wij doen het voor de patiënt'. Verzamelbegrippen die niet zijn gedefinieerd en niet worden verduidelijkt. Voor elk wat wils.
Bijna niemand van de gevestigde belanghebbenden heeft er belang bij deze ballonnen door te prikken. Dus blijven ze in de lucht hangen en wordt er morgen weer een nieuwe ballon opgelaten. Dat geldt ook voor de participatiesamenleving. Een aansprekend begrip. Op papier klinkt het uitdagend. Maar papier is geduldig.

Hoe belangrijk is toezicht?

In de zorg dienen morele aspecten een grotere rol te spelen. Toezicht is een rationeel instrument, daar kan de emotionele onderstroom niet mee worden beheerst. Spreek een arts aan op het feit dat hij of zij te vertrouwen is. Doe dat ook met de verpleegkundige en de fysiotherapeut. Het is een teken van waardering dat op prijs wordt gesteld.
Naarmate mensen in een systeem meer worden verketterd, gaan ze zich ernaar gedragen. Als er wordt beweerd dat alle specialisten 'geldwolven' zijn, worden zij dat. Zeg 'hulpverleners zijn alleen te sturen via strakke protocollen' en de oogst zijn strakke protocollen die koel en op de automatische piloot worden toegepast. Heb dus vertrouwen in de mensen die de zorg leveren en van wie de zorg afhankelijk is. Minister Edith Schippers van Volksgezondheid, Welzijn en Sport gaat uit van de 'maakbare samenleving'. Opmerkelijk voor een VVD'er: alsof het vanzelf goed komt als alles wordt vastgelegd in regels en in nog meer toezicht. Intussen schiet de balans tussen vertrouwen en controle steeds verder door.

Frank Meijer:

"ALS OUDERS MOET JE OPLETTEND ZIJN"

Rikkert Meijer (2010) is een kind met een bijzondere geboortelast. Rikkert is geboren met een gat in zijn middenrif. Het middenrif is de belangrijkste ademspier van de mens, de blaasbalg van de longen. Dertien maanden lag hij, grotendeels beademd, op de Intensive Care van het Erasmus MC-Sophia in Rotterdam. Het gat in zijn middenrif werd gesloten met een stuk kunststofweefsel dat is overgroeid met bindweefsel.

"Het gaat heel goed met Rikkert", zegt zijn vader Frank Meijer (1975) opgelucht. "Hij is een speels, opgewekt, creatief en vrolijk kind. Heel vormend. Als je ergens een oplossing voor zoekt, moet je bij Rikkert zijn. Hij verzint het wel."

Toen Rikkert in 2011 thuis kwam, veranderde zijn kinderkamer in een mini-intensive care. Een speciaal kinderbed, een beademingsmachine met zuurstof, allemaal draadjes, slangetjes, sondevoeding. Hij kreeg stapels medicijnen toegediend en werd ruim twee jaar beademd met een canule in zijn keel. Tot dat buisje niet meer gewisseld kon worden. En Rikkert eerder dan verwacht zonder bleek te kunnen.

Rikkert zit in groep 2 van de basisschool. "Wij kennen hem heel goed. We zien hoe hij ervoor staat. Hij heeft slechte longen en een hartafwijking, waardoor zijn ademhaling kwetsbaarder is en minder efficiënt is dan bij iemand met een goed middenrif. Verkoudheden komen daarom harder aan."

"Hij moet nog veel stappen maken, dus is er nog veel begeleiding nodig.

Rikkert heeft moeite met eten, met vriendjes maken en hij is snel van zijn stuk. Wij stimuleren wat er te stimuleren valt. Laatst heb ik tien kilometer met hem op de Hoge Veluwe gefietst. Ik heb alleen zijn rug gezien."

Zijn vader weet dat alles wat Rikkert de afgelopen jaren aan onderzoeken, analyses, controles en follow-ups heeft ondergaan, niet alleen voor hem is gedaan, maar ook en vooral voor de medische wetenschap. "Bij een kind dat zoveel zorg nodig heeft, ben je blij met al die medische aandacht. Tot je kind volstrekt getraumatiseerd is, omdat hij steeds naar het ziekenhuis moet."

In een ziekenhuis zien ze altijd wel wat aan hem. "Dan is zijn gewicht te laag of is hij weer twee centimeter te klein en moet er worden gekeken of de groeiriemen in zijn botten in orde zijn. Maar wat helpt het om te weten of zijn longcapaciteit 47 of 57 procent is als er toch geen behandeling volgt? Je kunt wel blijven onderzoeken. Dat is verspilling in het kwadraat: van zijn tijd, mijn tijd, de tijd van een arts en van zorggelden."

Begin 2015 brak Rikkert zijn elleboog. Met de grootst mogelijke pech: verschoven, gebroken en gedraaid. Omdat hij een kind met een complexe achtergrond is, kon hij niet in een gewoon ziekenhuis worden geopereerd. "Hij heeft 24 uur met pijn moeten doorbrengen, waarna hij uiteindelijk in Utrecht kon worden geopereerd."

De zorg voor dit soort complexe patiënten is moeizaam georganiseerd en de overdracht van het ene naar het andere ziekenhuis gaat traag. "Als ouders moet je heel oplettend zijn. De nasleep van die operatie en het herstel hebben lang geduurd, doordat hij complicaties kreeg aan zijn zenuwbanen en zijn hand slap bleef hangen."

"We moesten vaak terug naar de chirurg. Die kon weinig meer voor hem doen dan lichamelijke onderzoeken. Toen accepteerde hij de zorg niet meer." Na deze ervaring besloten zijn ouders dat ze de komende drie jaar voor geen enkel preventief onderzoek meer met hun zoon naar een ziekenhuis willen, tenzij hij echt heel ziek is.

Waarom zo'n drastisch besluit? "Rikkert accepteert niet dat er nog aan hem gezeten wordt. In dezelfde periode moest hij een longfunctietest laten doen in Rotterdam. Daar gebeurde hetzelfde. Hij werd verdrietig, boos, woedend. Iedereen in een witte jas had het bij hem verbruid. Daarna realiseerden we ons dat we hiermee moesten stoppen. Het leverde immers niks op, hij werd er niet gezonder van."

Ze komen twee keer per week bij de fysiotherapeut. "De fysiotherapeut kan heel goed zien hoe het met Rikkert gaat. Ze helpt hem een betere conditie op te bouwen. Ademhalingstechnieken, motorische stabiliteit."

Wij hebben haar gevraagd of zij wil rapporteren aan de kinderchirurg hoe de elleboog zich onwikkelt, zodat Rikkert niet elke keer voor niks naar Utrecht hoeft. Voor weer een dag ellende met weer geen uitkomst. Dat is efficiënt. En wij krijgen rust voor Rikkert. Dat hebben we al zijn artsen laten weten. Toen ik dit aan Rikkert vertelde, gingen zijn ogen weer glimmen."

Het eeuwige leven
bestaat niet

In de gezondheidszorg gaat het om de kwaliteit van leven. Maar ook om de kosten, dus om de vraag wat een mensenleven waard is. Tot nu toe wordt daar slechts mondjesmaat over gesproken. Want veel mensen zijn van mening dat de kosten niet mogen meespelen bij een behandeling. Zelfs artsen wagen zich hier nauwelijks aan, terwijl de behandelkosten, gerelateerd aan de uitkomst, allang een rol spelen bij de afwegingen.

Op andere terreinen wordt er al veel langer over dit soort zaken gepraat. Onze economie bestaat bij de gratie van prijzen en producten. Daardoor kan er een afweging worden gemaakt. Gaat u op vakantie of spaart u voor een nieuwe auto? Maar het gaat niet alleen om de prijs. Het gaat eveneens om de toegevoegde waarde: is die auto hard nodig omdat u veel en ver moet rijden of wilt u per se het nieuwste luxemodel hebben?

Ook aan een mensenleven kunnen een prijs en een waarde worden toegekend. Dat gebeurt bijvoorbeeld bij de aanleg van snelwegen. Daar wordt een afweging gemaakt tussen de kosten van de aanleg en het aanvaardbare aantal (dodelijke) slachtoffers. Hetzelfde geldt bij de bescherming tegen het water. Hoeveel slachtoffers worden geaccepteerd bij een overstroming? De gedachte achter deze berekeningen is dat ieder mensenleven evenveel waard is. Maar dat is niet altijd het geval. Het leven van de koning is nog altijd meer waard dan dat van een schoonmaker. Of niet soms?

Geneeskunde is ingesteld op herstel van ziekte en aandoeningen, op beter worden en vaak op genezing.
Dat beeld past niet bij aftakeling en sterven.

Waardoor wordt de waarde van leven bepaald?

Er is geen eenduidige manier om de waarde van een mensenleven te meten. Neem de triage, de beoordeling van gewonde soldaten op het slagveld. Wie de meeste kans heeft terug te keren op het slagveld, wordt als eerste behandeld. Geslacht, afkomst, ras, religie, ideologie en cultuur spelen eveneens een rol. Racisme bestaat bij de gratie van de toekenning van een waarde op basis van ras. Intussen stuit de gezondheidszorg op financiële grenzen. Daarom wordt erover nagedacht of iemand ten koste van alles moet worden behandeld. Zowel de kwaliteit van leven als de kosten spelen hierbij een rol. Een behandeling is erop gericht de aandoening weg te nemen of de gevolgen van een aandoening te verzachten. Zodat iemand weer beter aan de samenleving kan deelnemen en de kwaliteit van het bestaan verbetert.

Om een maat te hebben voor de kwaliteit van leven wordt er gebruik gemaakt van QALY's (*quality adjusted life year*). Eén Qalyy staat voor één extra jaar leven in goede gezondheid. In 2006 bracht de toenmalige Raad voor Volksgezondheid en Zorg (RVZ) het advies *Zinnige en duurzame zorg* uit. Dit baanbrekende advies maakte veel los, omdat er een relatie werd gelegd tussen de behandeling en de kwaliteit van leven als resultaat van die behandeling. De RVZ stelde voor dat per gewonnen levensjaar (één QALY) niet meer dan 80.000 euro aan zorg mocht worden uitgegeven.

In Groot-Brittannië bestaat al zo'n norm, daar mag één gewonnen levensjaar hooguit 30.000 pond kosten (zo'n 40.000 euro). Een QALY is een subjectief begrip, schrijft financieel economisch journalist Jan Smit in een kritisch artikel in HP/De Tijd (*Goede zorg is onbetaalbaar*, september 2015). In Engeland wordt bijvoorbeeld ipilimumab, een middel tegen huidkanker, niet vergoed, in Nederland wel. Hier staat tegenover dat daar het Cancer Drug Fund bestaat; er zitten enkele honderden miljoen pond in waarop een beroep kan worden gedaan ten behoeve van behandelingen.

Ook anderen hebben hun bedenkingen geuit. Zo stelt Pauline Meurs het 'onwenselijk' te vinden om de waarde van iemands leven 'te koppelen aan een prijskaartje' (*Intrakoop Bulletin*, november 2014). Zij wil een mensenleven niet economiseren. Volgens haar moet elk individu zich deze levensvragen zelf stellen. Tegenwoordig is Meurs voorzitter van de Raad voor Volksgezondheid en Samenleving (RV&S). Ironisch genoeg is dat de opvolger van de RVZ die de QALY's in het spel heeft gebracht.

Zijn er grenzen aan de zorg?

Er kan steeds meer in de zorg. Dat heeft te maken met nieuwe technologieën en innovaties. De kwaliteit neemt toe, maar ook de kosten stijgen harder dan de Nederlanders zich kunnen veroorloven. Daardoor komen de financiële grenzen van de zorg in zicht. Die uitgaven kunnen omlaag. Dat kan allereerst door het basispakket te verkleinen. Dan dalen de kosten van de zorg waar we elk jaar opnieuw met elkaar voor betalen. Die uitgaven moeten daarna individueel worden gedragen. Voor veel burgers betekent dit zeker geen verlaging van de kosten van zorg.

Een tweede mogelijkheid is een hogere eigen bijdrage te vragen of hoger eigen risico in te voeren. Voorstanders van deze aanpak zijn van mening dat daardoor minder gebruik wordt gemaakt van de zorg. In België heet de eigen bijdrage niet voor niets remgeld. In Nederland is nog niet overtuigend aangetoond dat mensen minder zorg gebruiken als ze meer moeten bijbetalen.

Het nadeel van beide benaderingen is dat het de veelbesproken tweedeling bevordert. Burgers met een hoog inkomen zullen in zo'n geval minder hard worden getroffen. Niet iedereen heeft genoeg geld voor dure medicijnen of een speciale behandeling in het ziekenhuis. Beter is het na te gaan of er in de zorg zinniger en zuiniger kan worden gewerkt.

Er kan steeds meer, dus er gebeurt steeds meer?

In de praktijk valt een tegengestelde ontwikkeling waar te nemen. De zogenoemde wensgeneeskunde neemt toe. In een rapport van het Centrum voor Ethiek en

Gezondheidszorg (CEG) wordt gesteld dat dokters steeds vaker dingen doen zonder strikt medische noodzaak (27 augustus 2015). Er kan steeds meer, dus er gebeurt steeds meer. Bovendien zijn er dokters die graag hun professionele vaardigheden inzetten en tonen. Zij willen behandelen en ze willen daaraan verdienen. Bij **wensgeneeskunde** gaat het over zaken als cosmetische chirurgie of een total body scan. Maar ook om keizersneden zonder medische noodzaak of het weghalen van moedervlekken die zo goed als zeker geen kanker voorspellen. Het huidige systeem, waarin artsen per operatie worden betaald, kan de wensgeneeskunde versterken. In een interview stelt gynaecoloog Jan Kremer, hoogleraar aan het Radboudumc en medeopsteller van het rapport van de CEG: "In een tijd waarin de zorg een schaars goed dreigt te worden, moeten we er voor waken dat de reguliere geneeskunde niet wordt verdrongen door de wensgeneeskunde." (*Trouw*, 28 augustus 2015).

Dat de organisatie van de zorg van invloed is op de kosten, blijkt eveneens uit een vraaggesprek met Marcel Levi, tot begin 2017 bestuursvoorzitter van het AMC (*VP huisartsen*, 21 april 2015). Levi gaat in op de verspilling en de bureaucratie die mede het gevolg zijn van het marktdenken in de gezondheidszorg. Hij beweert dat marktwerking voor het overgrote deel van de zorg ridicuul is. Al eerder heeft Levi aangegeven dat ziekenhuizen om maar te kunnen concurreren dure apparatuur aanschaffen die vervolgens onvoldoende of onnodig wordt gebruikt.

Ook Levi's collega Anton Westerlaken, oud-vakbondsbestuurder en van 2012 tot 2016 bestuursvoorzitter van het Maasstad Ziekenhuis in Rotterdam, laat zich in gelijke bewoording uit. Hij pleit voor concentratie van dure apparatuur in **geselecteerde** ziekenhuizen. Volgens zowel Levi als Westerlaken zijn er op die manier honderden miljoenen euro's te besparen. Het wettelijk instrumentarium daarvoor is beschikbaar, de Wet bijzondere medische verrichtingen (WBMV). Maar de beleidsmakers in Den Haag willen deze wet juist zo min mogelijk gebruiken en de keuzes aan 'de markt' overlaten.

Veel verspilling kan verder worden voorkomen als artsen zich bewuster worden van het feit wat een behandeling kost. Het gaat dan om onnodige diagnostiek, te lang doorbehandelen en onnodige behandelingen. Ook hier valt veel te besparen. In het eerder genoemde interview geeft Levi aan dat de samenwerking op regionaal niveau leidt tot betere en zuiniger zorg.

Daarnaast mogen toeleveranciers van speciale thuisbeademingsapparatuur, dure geneesmiddelen, verbandmateriaal of medische bedden zich samen met de zorgverzekeraars afvragen of zij wel zo efficiënt werken als ze beweren.

Het komt nog altijd voor dat bijvoorbeeld zware longmedicatie in zulke enorme hoeveelheden bij chronisch zieken thuis wordt afgeleverd, dat een patiënt daar een half jaar tot een jaar mee vooruit kan. Dan stapelen zich voor tienduizenden euro's aan medicijnen op in de kelder.

Tenslotte dient er veel scherper te worden gekeken naar de gescheiden betalingsstromen tussen het ziekenhuis en de zorg thuis. Het is niet uit te leggen en zelfs onverantwoord dat er voor een kort verblijf van twee dagen in het ziekenhuis soms een heel duur geneesmiddel wordt besteld terwijl de patiënt daar thuis genoeg van heeft liggen, omdat de rekening van de ziekenhuisapotheek uit een ander potje wordt betaald dan die van de apotheek om de hoek.

Is de ouderdom lastiger te aanvaarden?

De afgelopen jaren is er spectaculair veel verbeterd in de zorg. Dit blijkt onder andere uit de toename van de gemiddelde leeftijd. Maar worden we ook gezond ouder? Dat is de vraag, omdat de samenleving tegelijkertijd wordt overspoeld door gevolgen die van tevoren moeilijk konden worden voorzien. Doordat de mens gemiddeld langer leeft, krijgen velen te maken met ziekten en aandoeningen die zich pas op latere leeftijd voordoen. Tegelijkertijd zijn ziekten en aandoeningen waar iemand eerder onherroepelijk aan overleed chronische aandoeningen geworden.

De sterk verbeterde zorg voor moeders en kinderen zorgt ervoor dat kinderen blijven leven die anders waren gestorven. Gevolg hiervan is dat die kinderen ook op latere leeftijd zorg nodig hebben. Ook in de zorg voor mensen met een lichamelijke of geestelijke handicap is de gemiddelde leeftijd toegenomen, met alle consequenties van dien voor de zorg. Ingrepen waarvoor iemand vroeger wekenlang in het ziekenhuis lag, worden poliklinisch uitgevoerd, waarna de patiënt nog dezelfde dag naar huis kan. Daarnaast hebben de ontwikkelingen in de farmacie bijgedragen aan een betere gezondheidszorg. Geneeskunde is ingesteld op herstel van ziekte en aandoeningen, op beter worden en vaak op genezing. Dat beeld past niet bij aftakeling en sterven. Dan blijkt opeens dat het leven niet meer maakbaar is. De dood is de radicaalste bedreiging van het menselijk bestaan. Maar hij is onvermijdelijk. De mens wordt oud en ouder: dat is geen diagnose, maar een feit, constateert de Amerikaanse topchirurg en publicist Atul Gawande droogjes.

Gawande, zelf een kind van twee artsen, is een scherpe observator. Volgens hem heeft de moderne geneeskunde het fatale moment waarop het levenseinde nadert weliswaar steeds verder uitgesteld, maar de dood en het traject daarheen blijven hetzelfde. Hij schrijft dit in zijn bestseller *Being Mortal. Medicine and What Matters in the End* (2014) dat in het Nederlands is vertaald als *Sterfelijk zijn*. De mens wordt zwakker, zijn botten worden zachter, hij kauwt slechter, raakt een deel van zijn tanden kwijt, hij wordt kaal, krijgt allemaal kwaaltjes en ziekten, enzovoorts. Met veel begrip gaat Gawande in op de culturele en nationale verschillen in de zorg voor ouderen. Hij kijkt naar de Verenigde Staten en naar India, waar zijn ouders vandaan komen. Hij bezoekt een hospice, interviewt geriaters en vernieuwers en constateert dat de technologische vooruitgang heeft geleid tot een verlies aan waardigheid. Mensen willen niet met toeters en bellen overeind worden gehouden, maar hun herinneringen en ervaring delen, concludeert hij. "Zij willen het einde van hun verhaal op hun eigen manier vertellen." Ze willen geen goede dood, maar tot op het laatst een goed leven leiden.

Ouderdom komt met gebreken

Ook de Nederlandse verpleeghuisarts Bert Keizer heeft dagelijks te maken met de aftakeling van het menselijke leven en uiteindelijk de dood. In zijn boek *Het refrein is Hein. Leven en sterven in een verpleeghuis* (1994) legt Keizer uit waarom de mens in weerwil van alle medische vooruitgang niet het eeuwige leven heeft. "Het belangrijkste menselijke probleem is, dacht ik, een geest hebben en een lichaam zijn", schrijft hij. "Dat komt nergens zo pijnlijk en duidelijk aan de orde als in de geneeskunde. Pijnlijk, omdat een lichaam zijn betekent dat we dood moeten. Duidelijk, omdat een geest betekent dat we dat weten."

Toch blijft de filosofisch ingestelde Bert Keizer een optimist. In zijn boek *Tumult bij de uitgang. Lijden, lachen en denken rond het graf* (2013) noemt hij sterfelijkheid zelfs 'het beste medicijn' om het leven draaglijk te houden. Volgens hem bestaat stervenskunst uit 'een verrassend mengsel van elegantie, eerlijkheid en humor'. Stervenskunst, stelt hij, is het vermogen om 'zeer dicht op de eigen neergang en zelfs vernietiging toch helder te blijven en iets anders te uiten dan de voor de hand liggende paniek'. Het is een laatste gebaar dat de achterblijvers niet alleen maar wanhopig achterlaat.

Uiteraard deelt niet iedereen dit inzicht, want veel mensen kunnen nog altijd niet goed omgaan met het levenseinde. In hun laatste uren zijn zij vooral doodsbang. Vroeger hoorden lijden en sterven veel meer bij het leven. In de 21[e] eeuw, met alle mogelijkheden om mensen langer in leven te houden, is lijden en sterven voor velen lastig te aanvaarden. Het onvermijdelijke levenseinde past niet bij de behoefte aan gezelligheid, het streven naar oppervlakkig vertier, het ideale lichaam of de zoektocht naar het eeuwige leven.

Bij het ouder worden gaat het erom zolang mogelijk de regie over het eigen leven te houden. Regie vergt een wakkere geest, verantwoordelijkheid en overzicht. Dit thema van lichaam en geest doordrenkt de gezondheidszorg. En de opvattingen over de waarde van de gezondheidszorg worden mede bepaald door opvattingen over de volmaakte mens. In het ene geval gaat het om de aanvaarding van de sterfelijkheid en een eeuwig leven in het hiernamaals. In het andere geval, bij de volmaakte mens, gaat het om de zoektocht naar technieken die het eeuwige leven op aarde mogelijk lijken te maken. Tussen deze twee uitersten beweegt zich de moderne gezondheidszorg.

Kan een zieke oudere zich toch gezond voelen?

Dat er ook anders naar het levenseinde kan worden aangekeken, laat Rudi Westendorp zien, voormalig hoogleraar ouderengeneeskunde aan de Universiteit Leiden. In een interview met *Medisch Contact* zegt hij: "Ik ben een paar jaar geleden opgehouden met het vertellen van sombere verhalen over de ouderdom. Zeker, ik heb veel eenzaamheid gezien, en alle andere zorgen en gebreken die met het ouder worden gepaard gaan. Maar die kunnen nooit het leidmotief voor het leven zijn, weet ik nu." (januari 2014).

Westendorp heeft het over de *disability-paradox*. Daarmee bedoelt hij dat een dokter wel kan zeggen dat iemand ziek of gehandicapt is, maar dat die persoon zich toch goed kan voelen. Gezond oud worden, bestaat niet in medisch biologische zin. Veroudering betekent altijd verval. Maar binnen dat verval kan iemand prima en zinvol leven, al is het maar omdat de mens zich op hogere leeftijd op basis van ervaring beter kan aanpassen aan een situatie.

Westendorp was directeur van de *Leyden Academy on Vitality and Ageing*. Daar worden studenten opgeleid om excellente en innovatieve zorg te verlenen, opdat de kwaliteit van leven van ouderen wordt bevorderd. Sinds 2015 is hij hoogleraar aan de Universiteit van Kopenhagen in Denemarken. In een ander vraaggesprek constateert deze nuchtere realist: "Je weet dat je oud wordt. Je weet dat ouderdom met gebreken komt. Iedereen moet zich daarop voorbereiden." (*In voor zorg*, 3 mei 2013). Volgens Westendorp is Nederland te ver gegaan door allerlei soorten hulp zorg te noemen. In dit interview zegt hij: "Een buurvrouw die aandacht heeft voor de weduwe naast haar. Iemand die 24 uur per dag een infuus nodig heeft. Het ene is echt anders dan het andere. We zijn doorgeschoten. Met de langdurige zorg en met het hele medische systeem zijn wij de voorkamer van Nederland ingevlogen."

Is de 'mooie dood' een illusie?

Het levenseinde is nooit gemakkelijk, de dood geen al te prettige kameraad. Wie zich daarmee verzoent, maakt het zichzelf eenvoudiger. Opnieuw Westendorp:

"Ouderen weten al lang dat een deel van wat nu langdurige zorg wordt genoemd hun eigen verantwoordelijkheid is. Net als met wie je omgaat als je eenzaam bent en welk geluksgevoel dat je daarbij hebt. Maar wat hebben wij gedaan? We hebben een groot deel van de persoonlijke levenssfeer van de mensen afgepakt en tot publieke verantwoordelijkheid gemaakt."

In de NRC verwoordt hij dit nog een tikkeltje fraaier: "Collectief hebben we een van de grootste opgaven van een mens, een mooie dood bereiken, overgenomen. Daar zit de principiële fout. We hebben collectief gezegd: dat doen wij wel. We hebben de opgave van het individu op ons genomen. En we kunnen het niet waarmaken." (22 november 2014). "We hebben een roze wolk gecreëerd, de illusie dat we met geld mensen mooi kunnen houden en gevaren kunnen afdekken. We praten over het rafelige einde van het leven. Laten we blij zijn dat het steeds later komt, maar ook ons erop voorbereiden dat het een keer komt."

Wie door onheil wordt getroffen, zoals een ernstige dementie, heeft veel zorg nodig. Die zorg moet beschikbaar zijn, of iemand nou in een kasteel of een flatje woont. Dat is één. Maar ook wij vinden het een goede zaak dat overjarige verzorgingshuizen-oude-stijl sluiten. Oudere mensen willen en moeten hun verantwoordelijkheid nemen, langer thuis blijven wonen en meer zelf doen. Dat is veel beter voor het individuele zelfvertrouwen dan de klassieke bevoogding en betutteling in afgezonderde 'verpleegbewaardozen', zeker voor mensen die na 1950 zijn geboren.

Voorwaarde is dat de oudere mens dit aankan en vitaal genoeg is om voor zichzelf op te komen. Ook een stevig sociaal netwerk wordt onmisbaar. Mondige burgers, vrijwilligers en mantelzorgers zijn nog altijd bereid bij tegenslag te helpen. In de zorg draait het om aandacht, een luisterend oor, een goed gesprek en veel geduld. Helpen bij de huishouding, een keer de buurvrouw naar de kapper brengen of een wandeling maken, zijn vaak belangrijker dan medische zorg. Daar zetten wij op in. Op medemenselijkheid, verantwoordelijkheid en burgerzin.

Kim Putters:

"DE BURGER IS GEEN MEDE-EIGENAAR MEER"

"Wie is de baas in de zorg? In het ideale geval de patiënt. Vrijwel alle belanghebbenden zijn het daarmee eens. Toch menen sommigen dat zij het van de patiënt moeten overnemen, omdat die het niet zelf zou kunnen. Daardoor hebben zorgverzekeraars veel te vertellen. Maar de echte baas is de overheid."

Bestuurskundige Kim Putters is directeur van het Sociaal en Cultureel Planbureau (SCP) in Den Haag, een invloedrijk adviesorgaan van de overheid. Eerder was hij lid van de Eerste Kamer (PvdA). Sinds 2003 is Putters ook bijzonder hoogleraar Beleid en Sturing van de Zorg in de Veranderende Verzorgingsstaat bij het instituut Beleid en Management Gezondheidszorg van de Erasmus Universiteit Rotterdam.

Prompt gaat hij de diepte in. "De afgelopen tien jaar zijn de overheid en marktpartijen als de zorgverzekeraars machtiger geworden. Met zijn tweeën hebben zij het klassieke particuliere initiatief van stichtingen en verenigingen weggedrukt."

Wat in zijn ogen als een 'interessante dans' begon, is uitgemond in een ijzeren klem. "De markt en de overheid houden elkaar in de houdgreep. De ene regel gaat ervan uit dat de klant moet kiezen: 'Macht aan de consument'. De andere regel stelt kostenbeheersing centraal en verlangt dat er een plafond wordt gesteld aan de uitgaven."

Dat werkt verlammend. Gevolg? "Door alle regels, uit angst dat de kosten oplopen en met het opgetuigde toezichtsregime heeft de overheid nog steeds de macht in handen."

Deze ontwikkeling gaat ten koste van de individuele patiënt. "Burgers zijn hun vanzelfsprekende ankerpunten kwijtgeraakt. Gelukkig komt dat gevoel een beetje terug met de toename van het aantal bewonersinitiatieven en zorgcoöperaties, al gaat dat nog mondjesmaat."

Kamerleden en bewindslieden werden jarenlang bij de les gehouden door de voormannen van het corporatistische maatschappelijke middenveld, legt hij uit. Binnen dat 'poldermodel' werkten koepelorganisaties en brancheverenigingen, werkgevers- en werknemersorganisaties nauw met elkaar en de overheid samen. "Zij waren de aanspreekpunten van groepen burgers. Als het in een regio niet goed ging, merkte de politiek dat meteen."

Die tijd is voorbij, het poldermodel kraakt in zijn voegen, het maatschappelijk middenveld valt uiteen. "Politici menen nu dat zij alles van bovenaf moeten bepalen. Dus wordt er gestuurd op kostenbeheersing en budgetplafonds. Maar marktwerking met een plafond voor de uitgaven levert perverse prikkels op. Alsof een markt werkt door te zeggen: 'Tot hier en niet verder.' Dan ontstaan er rare mechanismen."

Op een gegeven moment werd er zelfs verwacht dat ziekenhuizen elkaars financiële problemen moesten helpen oplossen. "De idee van het corporatisme is een positieve bundeling van krachten. Maar dit was negatief en misbruik van corporatistische verbanden."

De gezondheidszorg heeft steeds een rol gespeeld in de kwartaalberichten Burgerperspectieven die het SCP al tien jaar uitgeeft. In 2015 zijn deze berichten nader geanalyseerd. Wat blijkt? "De zorg leeft", zegt Putters. "Maar veel mensen zijn bevreesd voor de toekomst."

"Burgers zijn niet alleen boos omdat de zorg niet goed is, omdat er missers zijn of de bejegening verkeerd is. Zij vrezen vooral dat wat er nu is, er straks niet meer is. Ze willen niet dat het wordt zoals in Amerika."

De meeste Nederlanders zijn tevreden over de zorg, maar ontevreden over het zorgsysteem en de bestuurders. "De diepst gewortelde en meest ontvlambare boosheid heeft ermee te maken dat burgers verbolgen zijn over de bestuurders en de zorgverzekeraars, de bonussen en fusies. In de trant van: 'Wij pikken dit niet meer'."

Burgers zijn de draad kwijt, ze hebben de indruk dat er in de representatieve democratie niet naar hen wordt geluisterd. Daardoor groeit de tegenstelling tussen mensen die zich herkennen in politieke besluiten en hen die zijn afgehaakt en het heft in eigen handen willen nemen.

"Het gaat om zeggenschap. Wie heeft het voor het zeggen? De mensen die de beslissingen nemen of zij die de consequenties van de beslissingen moeten dragen?"

Nauwgezet houdt hij de vinger aan de pols van de samenleving: een kompas in duister wordende tijden. In dit verband wijst hij op de smeulende 'veenbrand' van ontevredenheid en burgerlijke ongehoorzaamheid die al voor de opkomst van Pim Fortuyn, eind vorige eeuw, is ontstaan. "Fortuyn maakte de ontevredenheid zichtbaar. Maar de veenbrand laait steeds weer op."

Hoe komt dat? Putters: "Geen land in Europa is zo snel geseculariseerd en ontzuild als Nederland. Nergens zijn de kerken zo massaal leeggelopen en zijn zij leden kwijtgeraakt. Als gevolg daarvan zijn allerlei maatschappelijke verbanden uit elkaar gevallen."

Twintig jaar geleden kwam daar de privatiseringsgolf overheen met marktwerking en de verzelfstandiging van overheidsinstellingen. Alle voorzieningen werden zakelijker; protocollen en verantwoording werden de sleutelwoorden.

"Alles is dichtgeregeld. De reflectie is verdwenen. De burger is geen mede-eigenaar meer, maar contractant. Elke vorm van eigenaarschap en zeggenschap is eruit gehaald. Mensen hebben de idee dat ze nergens meer iets over te zeggen hebben. Terwijl het in de samenleving, zeker in de zorg, om binding gaat."

Officieel staat de kiezende klant centraal, ook in de Zorgverzekeringswet die in 2006 werd ingevoerd. Maar de nieuwe Wet langdurige zorg die er in 2015 kwam, gaat uit van solidariteit. Dat wringt.

"Eerst moest de burger als consument goed naar de prijs en de kwaliteit kijken. Maar in de langdurige zorg moet hij nu ook solidair zijn, omdat de overheid hem vraagt op nabuurschap te letten."

Het is niet vanzelfsprekend dat dit lukt. Dat laten de onderzoeken naar mantelzorg zien die het SCP publiceert. Daar komt bij dat 70 procent van de Nederlanders relatief tevreden tot zeer tevreden is en perspectief heeft. Terwijl 30 procent, de 'onzeker werkenden' en de 'achterblijvers' ontevreden is, niet gaat stemmen en deels PVV of SP stemt. "Zij denken: 'De politiek is er niet voor mij, die behartigt niet mijn belangen'."

Putters: "Alles draait tegenwoordig om netwerken. Maar niet iedereen heeft de juiste verbanden om op terug te vallen. Vanuit het mensbeeld dat jij onderdeel bent van de familie en vrienden is het logisch dat je voor elkaar zorgt. Maar de meest kwetsbare mensen, ouderen met allerlei ziekten of mensen met beperkingen, hebben de kleinste netwerken."

"Deze burgers hebben al langer problemen. Ze hebben weinig familie, en zijn niet in staat geweest om hun sociale netwerken breed te ontwikkelen en te onderhouden."

Dit raakt de kern van de participatiesamenleving. "Voor je het weet, wordt participatie een ideaal voor de meest kansrijke burgers. Hippe, hoogopgeleide mensen in verstedelijkte gebieden weten zich redelijk goed te organiseren. Zij zijn mobiel en kunnen zelfs hun netwerk bij de sportclub aan de andere kant van de stad aanspreken."

De kansarme, vaak laag opgeleide bewoners met de kleinste netwerken komen daar niet tussen. "Lagere statusgroepen zijn vooral aangewezen op de eigen straat. Voor hen is de samenleving een optelsom van onbegrijpelijkheden."

Ook daarom plaatst Kim Putters vraagtekens bij het inlevingsvermogen van de gemeenteambtenaar die een keukentafelgesprek voert. "Als die ambtenaar geen goed beeld heeft van de netwerken van de cliënt, dan loopt het spaak. Dan ontbreekt de verbinding met de burger die echt hulpbehoevend is en geen kans heeft om te kiezen. Dat is natuurlijk niet de bedoeling van het beleid."

In Den Haag, zegt hij, wordt weleens vergeten dat niet slechts allerlei zorgregelingen onbegrijpelijk zijn. "Ook met de trein reizen is niet voor iedereen simpel. Zelfs naar het gemeenteloket gaan of zonder caissière afrekenen bij de supermarkt is voor een deel van de samenleving allang niet meer bij te benen."

Het is dus niet vanzelfsprekend dat al die rollen, van solidaire buur, zorgende dochter, burger of kiezer in een democratie allemaal tegelijkertijd uit de verf komen. "Daar moeten de beleidsmakers beter over nadenken. Want als de ene regeling uitgaat van de ene rol en de andere regeling van een andere rol, dan bestaat het risico dat dit in de praktijk gaat botsen."

"Voor het een is wellicht betere informatie nodig en voor het andere meer tijd of ondersteuning. Neem het beroep op nabuurschap. Dat is niet geregeld met een verzekeringspolis die je als kiezende klant hebt gekozen."

Beleidsmakers gaan er te snel vanuit dat al die dubbelrollen naast elkaar kunnen worden vervuld. "Maar dat vergt voldoende financiële armslag, netwerken, kennis en onderlinge verbondenheid. En dat is niet altijd aanwezig."

> Burgers zien door de bomen het bos niet meer. Zij verliezen het vertrouwen in de overheid. Ze raken teleurgesteld en worden bang. Het ongenoegen neemt toe, ze beginnen te mopperen en komen in verzet.

Dit zit er straks
voor u in

Burgers moeten meer zelf doen, meer dan tot voorkort van hen werd gevraagd. Dat kan best in Nederland. De meeste inwoners zijn de onmondigheid voorbij, ze zijn behoorlijk handig met internet en vinden het een koud kunstje om een digitaal vliegticket te bestellen bij de prijsbreker. Met enig oefenen is het evenmin hinderlijk de boodschappen in de supermarkt te scannen om de prijs te achterhalen.

De digitale wereld ligt voor u open, alles is tegenwoordig online te vinden. Zo wordt het ons voorgespiegeld. De digitale consument wordt snel volwassen, concludeerde *Het Financieele Dagblad* hoopgevend in een groot artikel op de voorpagina (20 augustus 2015). Nieuwe bezorgdiensten voor de dagelijkse boodschappen kunnen de markt voor online kopen openbreken voor het grote publiek. Webwinkelen, zo wordt verwacht, komt in een stroomversnelling als mensen eenmaal gewend zijn dat de dagelijks boodschappen op vaste tijden aan de deur worden afgeleverd.

Dit is pas het begin. Want in de Nederlandse gezondheidszorg moet iedereen straks nog veel meer doen, niet slechts via de computer, met e-health of ondersteund door de zorgrobot. De participatiesamenleving van het kabinet-Rutte II vereist om te beginnen mede-eigenaarschap, ook van oudere inwoners. Bent u al mantelzorger voor uw moeder? Dan kunt u ook nog best een handje helpen in de buurt waar u woont.

De Nederlandse overheid voorop loopt voorop met de digitalisering van haar diensten, ook in de zorg: e-health is het helemaal, vindt minister Schippers. Daar wordt internationaal mee gepronkt. Prima voor de reputatie, mooi voor de slimme dertigers en veertigers die met de computer zijn opgegroeid. Maar waardeloos voor ouderen. De helft van de Nederlandse 75-plussers heeft geen aansluiting op internet, zo blijkt. Algauw een half miljoen mensen. Daar komen honderdduizenden ouderen bij die niet eens weten hoe ze internet moeten gebruiken. Zelfs met een iPhone, een laptop en een mailadres is het contact met het ziekenhuis, de gemeente of de zorgverzekeraar dan een crime. Wat DigiD betekent en waarom een Burgerservicenummer nodig is, gaat aan hen voorbij.

Nog zo'n cijfer; 80 procent van alle Nederlanders tussen de 12 en 80 jaar heeft een smartphone; bij 75-plussers is dat maar 13 procent. Ook zij tellen niet mee. Een groeiende groep ouderen komt dus nooit terecht op de digitale snelweg. Zonder een attente dochter, zoon of buurman zijn zij geïsoleerd. Liefst één op de negen Nederlanders tussen de 16 en 65 jaar is bovendien laaggeletterd. Dat zijn 1,3 miljoen digibeten. Inclusief 65-plussers gaat het om 2,5 miljoen digibeten, aldus de Rekenkamer. Voor hen is de toekomst al opgehouden. Tel uit je winst: stil verdriet. Zouden beleidsmakers en de whizzkids van de e-road daar wel eens bij stilstaan? (Skipr.nl, 17 juni 2016).

Betekent meebetalen meebuigen?

Meedoen is het motto in de nieuwe orde van de doedemocratie. Volgens directeur Kim Putters van het Sociaal en Cultureel Planbureau (SCP) komt er daardoor heel veel tegelijk op burgers af: "Je moet voor je wijk en je buurt zorgen en ook nog meedoen in beleid en bestuur, omdat er een zogenoemde doedemocratie moet komen. Maar de burgers is nooit gevraagd of ze in een doedemocratie willen wonen."(In voor zorg, 27 mei 2014).

Putters heeft een punt. De overheid decentraliseert en stoot taken af, waardoor de burger overmand dreigt te worden. Maar wie echt wil dat meebetalen inderdaad meebeslissen wordt, kan beter meebuigen. Alert blijven, informatie verwerken en assertief genoeg de juiste keuzes maken. Deelnemen aan wijkactiviteiten, initiatieven ontwikkelen in de zorg. Dat is de uitdaging, in uw eigen belang. Kiezen kan een last zijn, wij weten het. Een mer à boire, onbegonnen werk voor wie dat nooit heeft geleerd. Mensen kiezen niet altijd verantwoord. Er ontbreekt belangrijke informatie. Niet iedereen durft in zijn eentje te beslissen. Soms heeft iemand geen belangstelling. Een ander kan maar weinig aan, die is algauw over zijn theewater. Weer een ander wordt hoorndol als die wordt afgeremd. Maar niets doen, is geen optie. De staat trekt zich onherroepelijk terug. Meedoen is de remedie, voor zover u kunt.

Waarom remt de overheid de eigen burgers af?

Vreemd genoeg remt juist de overheid de eigen burgers af. Aan de ene kant doet de overheid alsof ze voor actief burgerschap is, voor zelfredzaamheid, eigen regie en keuzevrijheid. Tegelijkertijd houdt dezelfde overheid veel informatie achter en stelt ze regels op waar de burger-als-consument op onverwachte momenten aan moet voldoen. Dat komt bevoogdend over.
Het zet een domper op de keuzevrijheid en hindert het eigen initiatief.
De Nederlandse staat, want dat is de overheid, vertrouwt zijn inwoners lang niet altijd op hun blauwe ogen. Volgens sommige beleidsmakers in Den Haag zijn burgers lastig, te brutaal en snel geneigd de boel op te lichten. Terug in het gareel, de burger moet worden gedisciplineerd, lijkt de heimelijke opdracht. Wie een persoonsgebonden budget heeft, moet eerst maar eens bewijzen dat hij niet fraudeert. Pure controledrang. Als het om fraudeurs of zware criminelen gaat, snapt iedereen dat. In werkelijkheid wordt ook de zelfredzame, mondige burger allang aan banden gelegd.
Alex Brenninkmeijer, de vroegere Nationale Ombudsman, heeft een verklaring voor het wantrouwen dat de Staat tegen zijn burgers koestert.
Volgens hem duldt het politieke bestuur in Nederland steeds minder tegenspraak. Tegenstemmen en tegenkrachten worden uit het politieke bestel

geweerd, zegt hij in een lang interview met De Groene Amsterdammer (6 augustus 2015). Dat moet anders, stelt hij.

Brenninkmeijer kan het weten, als onafhankelijke Nationaal Ombudsman heeft hij de overheid ruim acht jaar lang op de hielen gezeten en ongevraagd onderzoek verricht naar het functioneren van allerlei overheidsdiensten. Dat werk doet hij niet meer, want tegenwoordig is deze assertieve jurist lid van de Europese Rekenkamer en hoogleraar Institutionele aspecten van de rechtsstaat aan de Universiteit Utrecht.

Met spijt in zijn stem constateert Brenninkmeijer in het gesprek met De Groene dat het weefsel tussen burgers en overheid erodeert. De politiek reageert daar geforceerd op door beleid op beleid te stapelen. Terwijl de macht in een democratie rekening moet houden met de belangen van haar burgers, 'wij allemaal', wordt de politiek gejaagder en oppervlakkiger. De overheid, stelt hij, verwart de roep om burgerrechten met een aanval op haar macht. Krampachtig trekt zij almaar meer macht naar zich toe.

Is dit nieuw?

Deze trend is niet nieuw. Vlak voor zijn dood in 2008 schreef de Nederlandse socioloog, hoogleraar en columnist J.A.A. van Doorn in het postuum uitgegeven *Nederlandse democratie. Historische en sociologische waarnemingen* dat de individualisering van de inwoners in zekere zin is doorgeschoten. Volgens Van Doorn heeft de fundamentele individualisering van de afgelopen halve eeuw tot een geleidelijke versplintering van de samenleving geleid. Daardoor is de veerkracht van het politieke bestel ondermijnd.

De bevolking is weliswaar ideologisch weinig bevlogen, maar ze voelt zich terdege betrokken bij het politieke gebeuren, stelt Van Doorn. Inwoners geven 'uitdrukkelijk en frequent uiting' aan die betrokkenheid, met als overtreffende trap het hedendaags populisme. In Nederland tiert de meningenindustrie welig. Van Doorn heeft het in dit verband over een 'opiniërende democratie', gebaseerd op een vast geloof in de mondigheid van de burger in het algemeen en van de kiezer in het bijzonder. Met alle respect voor Van Doorn lijkt deze ontwikkeling nog iets preciezer te kunnen worden samengevat met het woord opiniecratie.

Waar botst het?

Voor de burgers tellen bovenal ervaringen en meningen. De overheid daarentegen gaat uit van cijfers, algoritmes en feiten, van hoge budgetten, dikke onderzoeken en stapels rapporten. Alles moet traceerbaar en kwantificeerbaar zijn. De overheid weet niet goed wat ze met de gevoelens van burgers aan moet. Zij voelt zich bedreigd door de 'onderklasse' en probeert van bovenaf de morele orde te herstellen, weet Van Doorn.
Het beste voorbeeld hiervan is het 'beschavingsoffensief' van CDA-premier Jan Peter Balkenende. Bij herhaling pleitte de gelovige christendemocraat Balkenende voor een herstel van 'normen en waarden'. Dat had hij trouwens beter andersom kunnen formuleren, want in een evenwichtige samenleving dienen waarden altijd vooraf te gaan aan normen. De toon van de liberaal Mark Rutte mag minder moraliserend zijn, ook hij grijpt graag terug op de Gouden Eeuw, maar zijn beleid is aantoonbaar dwingender. Onder het mom van veiligheid hebben beide premiers de privacy van de burgers steeds verder ingeperkt. Dat werkt een nieuwe politieke onmondigheid in de hand.
Volgens de non-conformist Van Doorn is het huidige 'staatsmoralisme' er niet langer op gericht dat individuele mensen zich kunnen ontwikkelen. Integendeel, er heeft zich een 'goed bedoeld paternalisme' aangediend.
Zijn conclusie ligt er niet om: "In plaats van de verzorgingsstaat die ooit iedereen individuele rechten en vrijheden toezegde, treedt een veiligheidsstaat die morele en maatschappelijke disciplinering verordonneert." Scherp gezien van deze waarnemer. Bedilzucht is de trend.

Hoe reageert de burger?

De burger raakt de kluts kwijt. Hij ergert zich aan de tweeslachtigheid van het beleid, omdat de boodschap wringt. Het ene jaar dit, het andere jaar dat. Onder de dekmantel van de participatiesamenleving krijgen Nederlanders te horen dat ze meer verantwoordelijkheid moeten nemen. Niets op tegen, dat willen ze zelf ook, zeker in de zorg. Op hetzelfde moment gaan er verzorgingshuizen dicht en wordt er bezuinigd de thuiszorg en de jeugdzorg. Daardoor dreigen juist de zwakkere mensen tussen wal en schip te vallen. Dat begrijpt niet iedereen. Het antwoord van Brenninkmeijer op dit dilemma is glashelder. Volgens hem wordt de Nederlander voorbereid 'op het idee dat het allemaal wel wat minder democratisch kan'. Of het echt zo'n vaart loopt, valt te bezien. De tekenen zijn in elk geval ongunstig. Burgers zien door de bomen het bos niet meer. Zij verliezen het vertrouwen in de overheid. Ze raken teleurgesteld en worden bang. Het ongenoegen neemt toe, ze beginnen te mopperen en komen in verzet.

Wordt de democratie ondermijnd?

Wantrouwen en angst zijn in beginsel verontrustend voor elke overheid en voor iedere leider. Is er sprake van een dreiging van buitenaf, dan kunnen wantrouwen en angst mensen binden. Er ontstaat een gezamenlijk doel: de vijand verslaan. Maar als de staat en de burgers elkaar niet begrijpen en langs elkaar heen blijven praten, slaat de stemming om. Dat is hachelijk. Het wantrouwen keert zich dan naar binnen, de samenhang in de maatschappij raakt ondermijnd.
Aan de andere kant is gerechtvaardigd wantrouwen in de overheid een belangwekkend signaal. In een sterke democratie zijn mensen minder gemakkelijk te manipuleren, te commanderen en te drillen. Zij laten zich niet van alles op de mouw spelden. Ze zijn wakker, belangstellend en ze trekken hun eigen plan. Het is maar goed dat mensen woorden hebben om zich te uiten, dat ze zich kunnen afreageren op de sociale media en dat er regelmatig verkiezingen zijn. Anders was de openlijke revolte al lang een feit.

Welke gevolgen heeft dit voor de overheid?

Het ongenoegen over de publieke dienstverlening neemt snel toe. Over dit thema zijn veel studies verschenen. Zelfs mensen die meestal gezagsgetrouw zijn, hebben minder vertrouwen in de politiek. "Burgers zijn van mening dat de politiek onvoldoende luistert en politici niet geven om de mening van mensen zoals zij", meldt het Sociaal en Cultureel Planbureau (SCP) in het Sociaal en Cultureel Rapport *Verschil in Nederland* (2014).

Het SCP benadrukt dat de relatie tussen de politieke elites en de rest van de bevolking verslechtert. Vooral laag opgeleide burgers vertrouwen de Nederlandse 'powerelite' niet meer. Die powerelite bestaat uit hoogopgeleide, oudere, autochtone mannen. Volgens het SCP is twee derde van de ondervraagden van mening dat het met Nederland de verkeerde kant op gaat en van die groep is 85 procent van mening dat de elite daarvoor verantwoordelijk is.

De elite betekent in dit geval de top van het bedrijfsleven, mensen van adel, bestuurders en wetenschappers. Voorzitter Emile Roemer van de Socialistische Partij (SP) laat meteen weten dat de elite zich op afstand heeft geplaatst en geen idee meer heeft wat er leeft. "De elite keert zich af van de samenleving door meer marktwerking en minder inspraak voor mensen." Volgens hem is meer zeggenschap en invloed van burgers juist de oplossing.

Hoe uit het ongenoegen in de zorg zich?

In de zorg valt het ongenoegen onder meer af te lezen aan de discussies over de vrije artsenkeuze en het persoonsgebonden budget. Zowel de voorgenomen afschaffing van de vrije artsenkeuze (artikel 13 van de Zorgverzekeringswet) als de ophef over de trage uitbetaling van pgb's leidden tot harde, soms venijnige kritiek op de bewindslieden van het ministerie van VWS. In beide gevallen hield de overheid onhandig vast aan de ingeslagen koers.

Rond kerst 2014 ontspoorde eerst het debat over de vrije artsenkeuze. Minister Schippers (VVD) wilde die keuze beperken. Bijna was het kabinet tijdens deze 'kerstcrisis' gevallen, nadat drie senatoren van de PvdA zich in de Eerste Kamer tegen de plannen hadden gekeerd. Maar premier Rutte bleef Schippers steunen. De minister wist van geen wijken. Achter de schermen ging zij aan de slag om op een andere manier haar zin te krijgen.

Kort na de kerstcrisis leek ook haar alom gewaardeerde staatssecretaris Martin van Rijn (PvdA) te sneuvelen. Bij hem ging het om de falende uitbetaling van de pgb's door de Sociale Verzekeringsbank (SVB). In de eerste helft van 2015 moest Van Rijn tot zeven keer toe het hoofd buigen voor de Tweede Kamer. Ook hij trad niet af. Een snoeihard rapport van de toen net benoemde Nationale Ombudsman, Reinier van Zutphen, over de falende overheid en de rampzalige gang van zaken bij het persoonsgebonden budget kon hem weinig meer ontlokken dan dat hij de aanbevelingen zou overnemen.

Wat levert dit op?

Talloze artsen en gewone burgers zijn verbolgen over de persistente rol van de zorgverzekeraars bij de pogingen om de vrije artsenkeuze af te schaffen. Net als tijdens het debat over de 'pgb-puinhoop' ontstond er bij de vrije artsenkeuze een uniek verbond tussen medici, chronisch zieken en duizenden sympathisanten. Er werden petities opgesteld, er kwamen paginagrote kritische advertenties in de kranten en wekenlang stonden de sociale media bol van snoeiharde, afkeurende berichten over politieke manipulaties. Maar het leidde nergens toe.

Het rumoer rondom het persoonsgebonden budget is kenmerkend voor de toenemende bewustwording onder burgers. Veel chronisch zieken worden thuis verpleegd. Zij kunnen daarvoor een persoonsgebonden budget aanvragen. Dat budget krijgen zij van de overheid. Eerst werd het geld rechtstreeks op hun eigen rekening gestort, maar sinds 2015 keert de Sociale Verzekeringsbank (SVB) het geld uit.

Soms worden familieleden uit het pgb betaald, andere keren worden er professionele hulpverleners ingehuurd. Als de Sociale Verzekeringsbank een pgb niet op tijd betaalt, komen niet alleen de pgb-houders, de zwaksten in de samenleving, de burgers met pech, in de problemen, ook hun verzorgenden zijn de dupe. Honderden van hen kregen maandenlang geen geld voor hun werk. Dat kan niet de bedoeling zijn geweest van de beleidsmakers. Het effect was dat het wantrouwen in de overheid en de democratie alleen maar verder werd aangewakkerd.

Wat doet dit met de burgers?

De chaos bij de vrije artsenkeuze en de pgb's is een teken aan de wand. Het is een graadmeter voor de bij vlagen breekbare maatschappelijke atmosfeer in het land. Enerzijds duidt het op een conservatieve, afwijzende houding bij betrokken burgers: 'Blijf van onze verworven rechten af'. Anderzijds geeft het aan dat mensen werkelijke keuzevrijheid wensen en bereid zijn zich serieus in te zetten voor de zorg van henzelf en van anderen.
Er is inderdaad iets opmerkelijks gaande in de samenleving. Langzaam maar gestaag krijgt een groeiend aantal burgers de indruk dat de overheid ze klem zet. Zij willen dat alles anders wordt, beter, en wel meteen. Dat kan natuurlijk niet. Toch willen velen terug naar hoe het eerder was geregeld. Anderen hopen op een structurele politieke ommezwaai.
Soms lijkt het zelfs alsof de geur van opstand en revolte boven het Binnenhof hangt. Niets is minder waar, het is wensdenken. Zonder compromis wordt een democratie onbestuurbaar. Daarom is de weg van de geleidelijkheid te verkiezen boven chaos en anarchie. Het is beter op elkaar af te gaan, bruggen te slaan, samen te werken en negatieve kritiek om te zetten in positieve initiatieven.

Komt er een zorgrevolutie op ons af?

Volgens zorgkenner Steven de Waal voltrekt zich van onderop een sluipende sociale omwenteling. In *Het Financieele Dagblad* schijft hij dat de 'ontwrichtende burger' onstuitbaar dichterbij komt (20 juni 2015). Toch verwacht hij niet dat er in

Nederland gauw een revolutie uitbreekt. De Waal signaleert dat de omwenteling niet plaatsvindt via de geijkte formele politieke kanalen, maar in parallelle circuits. Niet via politieke partijen of vakbonden, maar doordat burgers via internet snel actuele informatie en achtergronden uitwisselen. Daarmee hebben zij direct toegang tot de publieke opinie. Dat is uniek.

In dat opzicht heeft de rellerige en rebelse ondertoon van een nieuw medium als twitter iets weg van het pamflettisme in de zestiende en zeventiende eeuw. Ook toen maakten de Nederlanders hun grieven luidruchtig en publiekelijk kenbaar. Dat gebeurde in gedrukte pamfletten, 'libellen' of 'nieuwsmaren'. Deze opiniërende drukwerkend verschilden in vorm, lengte en inhoud. Ze verschenen in de vorm van (nep)brieven, petities, resoluties, commentaren, ooggetuigenverslagen, dialogen, politieke traktaten, liedjes, gedichten en houtsneden.

Het politieke debat werd op het scherpst van de snede gevoerd, de schrijvers reageerden direct op elkaar. Zo ontstonden opeenvolgende gedrukte debatten die regelmatig uitmondden in gewelddadige confrontaties. Alleen al in het 'Rampjaar' 1672 werden meer dan 1.600 politieke pamfletten verspreid. In dat jaar werden de broers De Witt, gerespecteerde politici, door een opgehitste menigte in Den Haag gelyncht op de executieplaats Het Groene Zoodje, pal tegenover de Hofvijver (website willemwansink.nl, 21 februari 2013).

Hoe ziet de omwenteling er nu uit?

In 2016 zetten de inwoners van Nederland niet meer in op het pistool of het mes om hun zin te krijgen. Wie nadenkt, zet in op de nieuwe sociale netwerken, op fundamentele innovatie en moderne technologie, stelt een hoopvol gestemde De Waal. Denk aan de mobiele telefoon, twitter, wifi, e-health en *telemedicine* (met ICT ondersteunde zorg). Al deze middelen en methoden werken de mondigheid en democratisering van de burger in de hand, luidt zijn redenering. Neem domotica (thuistechnologie). Mensen krijgen thuis bijvoorbeeld een knop waarmee alle lichten uitgaan, de verwarming op 16 graden gaat en de gordijnen worden gesloten. Dat hebben tophotels ook. Een sensor, een kijkertje bij de deur, robotica, digitaal bloedwaarden meten: wat in de traditionele zorg niet te slijten is, wordt via de consumentenelektronica laagdrempelig aan de man gebracht.

De Waal heeft het over een 'groot, nog steeds versnellend ecosysteem' dat allerlei applicaties voor de consument ontwikkelt in de vorm van platforms, zoekalgoritmen, apps, games en open data." Boeiend genoeg maakt de informatietechnologie het in de gezondheidszorg ook mogelijk door middel van een 3D printer nieuwe organen te kweken uit stamcellen, een nano-neus te maken of een elektronisch kunstbeen te ontwikkelen dat precies doet wat het oorspronkelijke lichaamsdeel kan. Denk ook aan het robotpak voor dwarslaesiepatiënten.

Wat doet dit met de gevestigde politiek?

De samenleving kantelt. Dat zijn wij met De Waal eens. In een aantal sectoren is er sprake van een vorm van 'creatieve destructie' van gevestigde belangen. Kennis, deskundigheid, aanzien en macht doen er steeds minder toe. Uiteraard gaat dat niet razendsnel, maar allerlei gevestigde instituties staan al enige tijd onder druk. Stukje bij beetje verliezen zij hun gezag.

Kijk naar de Tweede Kamer, de politieke partijen en de vakbonden. Zij blijven leden verliezen. Denk aan de rechterlijke macht, het ambtelijke apparaat, de politie of de wetenschap. Bijna niets werkt meer top-down, behalve het goede voorbeeld. Zelfs de klassieke media bevinden zich in een neerwaartse spiraal; zij verliezen in hoog tempo zowel abonnees als adverteerders en worden sowieso niet meer op hun woord geloofd.

Gebeurt dat ook in de zorg?

Ook in de zorg kalft de macht van de klassieke publieke gezagsdragers af. Ooit onaantastbaar geachte posities verliezen hun glans. De dokter is al lang van zijn troon gestoten. Als een specialist een medische misser begaat of een hoogleraar een domme fout maakt, worden zij prompt aan de virtuele schandpaal genageld.

Bestuurders wordt verweten dat zij veel te veel verdienen, de buitenwacht vindt elke ontslag- of afvloeiingsregeling buitensporig. Om hun gezag te versterken moeten zowel bestuurders als toezichthouders aan steeds hogere eisen voldoen. In zekere zin is deze ontwikkeling het resultaat van het overheidsbeleid. Wie angstvallig het woord bezuinigen vermijdt en in plaats daarvan zelfredzaamheid en keuzevrijheid predikt, oogst mondige inwoners en patiënten, zeker wanneer zij als cliënten worden aangesproken. In een marktgericht systeem eist de klant, terecht, dat ook publieke dienstverleners zich richten naar de vragen die het publiek hen stelt.

Wie dit ontkent, sluit de ogen voor de werkelijkheid. Daarom moeten zowel de overheid als de bestuurders van zorginstellingen nadrukkelijker rekening houden met de mening en de gevoelens van burgers. Een oplossing is goed te luisteren naar de wensen van zorgconsumenten en die verlangens, in samenspraak, zo goed mogelijk zien te verwezenlijken. Dan komt er hopelijk een andere, evenwichtiger maatschappelijke ordening tot stand.

Hoe zit dat in de langdurige zorg?

In de langdurige zorg vinden ingrijpende veranderingen plaats. Volgens waarnemers is daar sprake van een heuse 'culturele revolutie', een omwenteling die vergelijkbaar is met de culturele revolutie uit de jaren zestig van de vorige eeuw. Het verschil met toen is dat jongeren in de 'sixties' massaal in verzet kwamen tegen het conservatieve, betuttelende overheidsbeleid. Opmerkelijk genoeg is de huidige 'revolutie' door diezelfde overheid bedacht, dus van bovenaf ingevoerd.

De overheid heeft zelf de Algemene Wet Bijzondere Ziektekosten (AWBZ) vervangen door de Wet langdurige zorg (Wlz). De AWBZ werd te duur, daar moest iets anders voor in de plaats komen. Het uitgangspunt van de Wlz is: wie oud en gebrekkig is, gaat niet meer naar het verpleeghuis, maar wordt zo lang mogelijk thuis geholpen. Sinds 2015 regelt deze wet de 24-uurszorg in zorgorganisaties en biedt ze ruimte voor nieuwe initiatieven.

Het veranderde overheidsbeleid heeft ertoe geleid dat de wijkverpleegkundige weer centraal komt te staan. Dat is een groot voordeel. Tegelijkertijd worden alle tientallen verzorgingshuizen gesloten. Wat rest, zijn verpleeghuizen, al moeten die ook op hun tellen passen, want de kwaliteit van zorg is daar niet overal even goed. Tegelijkertijd komen er meer kleinschalige particuliere verpleeghuizen van de grond, zoals de Martha Flora Huizen. Daar staat een vernieuwende benadering van dementiezorg voorop. Martha Flora is gespecialiseerd in de zorg voor Alzheimerpatiënten, de nadruk wordt gelegd op het welbevinden. De organisatie breidt uit naar Duitsland, het plan is om daar veertig tot vijftig locaties te openen.

Hoe lang duurt die omwenteling?

Geduld is een eerste vereiste bij elke ingrijpende omwenteling. Bestuurder Henk Nies van Vilans weet dat als geen ander. Vilans is het kenniscentrum voor de langdurende zorg in Utrecht. "Grote veranderingen duren een generatie", stelt Nies. "Dat geldt ook voor de transitie van de langdurige zorg." Hij zegt dit in een vraaggesprek met *In voor zorg!*', het stimuleringsprogramma voor organisaties in de langdurige zorg (4 juni 2014).
In het overheidsbeleid weerspiegelt zich de filosofie van de creatieve destructie. Dat is de innovatie-visie van de twintigste-eeuwse Oostenrijkse econoom Joseph Schumpeter. Crises zijn nodig, stelt Schumpeter, het oude gaat onherroepelijk ten onder, op de puinhopen van het oude ontstaan nieuwe structuren. Schumpeter ontwikkelde deze theorie om te verklaren hoe samenlevingen vooruit kunnen komen.
Soms pakt een omwenteling destructiever uit dan gewenst en wordt de hele exercitie veel duurder dan verondersteld. Dat gebeurde na de val van de Muur in de voormalige DDR, het andere Duitsland dat in 1990 opging in de Bondsrepubliek. Andere keren is de oplossing minder creatief dan de beleidsmakers zich hadden voorgesteld. Hoe deze omwenteling in de zorg uiteindelijk uitpakt, kan niet worden voorspeld. Het duurt tenslotte een hele tijd

voor iedereen aan de nieuwe orde is gewend. Het onuitgesproken motto is evenwel krimp. Er wordt bezuinigd en afgeslankt, en er wordt gedaan alsof iedereen daar beter van wordt. Of dat zo is, is de vraag. Maar op den duur moeten zowel de zorg als de burgers er beter van worden. Dat is althans de theorie.

Wat kan de burger zelf doen?

Volgens de Rotterdamse hoogleraar Jan Rotmans bevindt Nederland zich tussen twee tijdperken in. Hij noemt de huidige tijd een kantelperiode waarin ingrijpende veranderingen in de economie en de samenleving plaatsvinden. Rotmans doceert transitiekunde aan de Erasmus Universiteit Rotterdam. Hij kent de keerzijden van het leven, want tijdens een ongeluk met zijn racefiets, in Frankrijk, brak hij zowat alle botten in zijn gezicht.

In zijn boek *Verandering van tijdperk. Nederland kantelt* (2014) beschrijft hij hoe de macht in de publieke sector verschuift. Hij beweert dat de van bovenaf geordende maatschappij langzaam overgaat in een samenleving die decentraal, van onderop is georganiseerd.

Rotmans komt met talloze voorbeelden uit verschillende sectoren van de samenleving. Hij voorspelt ook dat een groot deel van de bestaande brancheclubs en belangenorganisaties verdwijnt. Want, schrijft hij: "Creatieve en innovatieve mensen breken door de systeemgrenzen heen en creëren een enorme dynamiek van onderop."

Er ontstaan nieuwe netwerken en vormen van samenwerking. Daarin spelen actieve burgers een sleutelrol. Op den duur komt het tot een andere machtsuitoefening in de zorg, aldus Rotmans. Intussen botst de door hem gesignaleerde omwenteling van onderaf op de revolutie van bovenaf die in de langdurige zorg is ingezet. Dat verklaart de soms hoog oplopende spanningen tussen burgers, zorgverleners en de overheid, zoals in het debat over het persoonsgebonden budget.

Vermoedelijk ligt de waarheid in het midden. Burgers zijn niet tevreden met de kwaliteit van de langdurige zorg. De overheid pikt die signalen op. Maar ze moet ook bezuinigen vanwege de economische crisis van de afgelopen jaren. Bezuinigen is evenwel een taboewoord in Den Haag. Daarom wordt er een verhaal bedacht waarin dat woord niet voorkomt.

De oplossing is de breed uitgevente stelling dat de samenleving verandert omdat de burger dat wil, maar de zorg daarbij achterblijft. Goed bedacht, want dit sluit aan bij wat de burgers van onderop willen: de zorg kwalitatief verbeteren en meer inspraak krijgen. Prima, maar het blijft een experiment. Hoe, ten eerste, weet de overheid welke burger wat precies wil? Hoe groot is in de tweede plaats de ruimte die elke burger wordt gegund? En waar, ten derde, ligt de grens van de noodzakelijk geachte nieuwe, collectieve burgerinitiatieven? Daar is misschien niet eens diep genoeg over nagedacht.

Wat wordt er van burgers verwacht?

In tijden van krimp wordt het steeds belangrijker hoe de krap wordende hoeveelheid geld in de zorg wordt besteed. Daarom moet de burger zich weerbaarder opstellen. Hij dient op te komen voor zijn rechten; doordacht, opbouwend, niet al te impulsief, want dat leidt tot conflicten en het levert een negatief resultaat op.

In de woorden van Steven de Waal moet de burger van meebetaler veranderen in een meebepaler. Wij denken daar net zo over. Evenals Rotmans kent De Waal allerlei koplopers die het voortouw hebben genomen en zelf meebeslissen, ook in de zorg. Als niemand zijn nek uitsteekt, verandert er nooit iets.

Er zit niets anders op: wie goede en verantwoorde zorg wil, mag zijn verantwoordelijkheid niet langer op anderen afschuiven. Die kan niet blijven klagen dat de spreekwoordelijke kaas van zijn brood wordt gepikt. Zelfredzaamheid lukt alleen als burgers aan de slag gaan en de handen uit de mouwen steken. Dan mag de overheid geen spelbreker zijn. In dit verband is *Wie heeft mijn kaas gepikt* van Spencer Johnson en Kenneth Blanchard een aanrader. Een inspirerend boekje over de reacties van volgegeten muizen in een kaaspakhuis waar de vaste aanvoer van het voer wegvalt.

Kan de burger de zorg wel veranderen?

Gezondheidszorg is duur: 75 miljard euro gaat er in 2016 naar de zorg, bijna een derde van de rijksbegroting. Wie alle andere uitgaven voor zorg daarbij optelt, komt tot 100 miljard euro per jaar. Nederlanders wordt weleens verweten dat zij zelf verantwoordelijk zijn voor de hoge uitgaven aan zorg, want na de Verenigde Staten geven wij volgens sommige berekeningen met zijn allen procentueel het meeste uit aan zorg. Dat is onjuist, want de Nederlandse burgers hebben niets te zeggen over de manier hun geld wordt besteed.
Daar gaan anderen over. Wij hebben dat uitgelegd.
Wie zoveel betaalt voor gezondheidszorg als de Nederlanders, hoort niet lijdzaam af te wachten. Die mag zich in het debat mengen en kan gerust proberen meer macht te krijgen in de zorg. Die moet de sociale media optimaal gebruiken, duidelijk communiceren, zich eerder organiseren, en, om een dwarsstraat te noemen, alle vormen van verspilling tegengaan. Verbeter de wereld, begin bij uzelf. Dat is het motto.
Uiteraard is dit niet voor iedereen weggelegd. Vooral de mondige en betrokken burger moet aan de bak, iemand die nog niet ziek is. Iemand die zelf durft te kiezen, die kwaliteit van zorg voorop stelt. Desinteresse en gemakzucht zijn geen excuus.
In een opmerkelijke opiniebijdrage voor de NRC schrijft minister Schippers van VWS: "Als kwaliteit loont, kan onze gezondheidszorg optimaal functioneren. Dan behouden we de solidariteit en krijgen we betere zorg tegen lagere kosten. Dat is goed voor ons allemaal. Maar de grootste winnaar is de patiënt." (NRC, 14 februari 2015) Ware woorden die iedereen zich in de oren mag knopen.

Welke rol speelt de patiënt?

Het leven van een patiënt ziet er anders uit dan van de 'gewone' burger. Hij of zij is vaak verzwakt, gelukkig meestal slechts tijdelijk. Vaak is hij ook wat ouder. Op onverwachte momenten speelt het lichaam op, of zit iemand met zijn gevoelens in de knoop.
Stel daarom de burger centraal. Niet de patiënt. Laat wakkere burgers nauwer samenwerken met elkaar, met bestaande patiëntenverenigingen en zorgcentra, met de lokale en de landelijke overheid.
In de langdurige zorg steken de voorlopers al hun kop op. Een voorbeeld: overal in het land, in dorpen en stadswijken, ontstaan zorgcoöperaties. Daar organiseren burgers zelf hun onderlinge hulp of zorg. Na enige tijd bepalen zij de norm. In wezen is het simpel: als de overheid zich terugtrekt en niet meer vanzelfsprekend voor iedereen klaarstaat, raakt samen eten, klusjes doen of het vervoer van ouderen regelen weer helemaal in.
Volgens cultuurpsycholoog en publicist Jos van der Lans groeide het aantal coöperatieve organisaties tussen 2009 en 2011 met een kleine 40 procent, van zo'n 5.400 naar 7.500. Op meerdere plaatsen in Nederland zijn 'broodfondsen' opgericht. "Een Broodfonds", schrijft Van der Lans, "is een kleinschalig coöperatief verband, een oervorm van onderlinge verzekering, waarin dertig tot vijftig zelfstandige professionals elkaars ziekterisico afdekken en daarmee het peperdure aanbod van financiële instituties aan hun laars kunnen lappen." (*Trouw*, 26 mei 2012).
Deze trend is niet afgeremd. Ook Henk Nies van Vilans ziet allerlei burgerinitiatieven ontstaan van mensen die hun eigen hulp en zorg willen regelen. "In de zorg heb je gewoonlijk weinig zeggenschap", zegt hij. "Maar mensen willen graag eigenaar zijn van hun eigen leven, ze willen zeggenschap hebben. Dat moeten we stimuleren." Hij vindt dit logisch: "Als je zelf meer moet bijbetalen voor de zorg die je gebruikt, dan wil je daar zelf zoveel mogelijk invloed op uitoefenen." (*In voor zorg!*', 4 juni 2014).

Hoe nu verder?

Zorg is een belangrijk publiek goed. Wie wat wanneer beslist en wie waarover gaat, is vaak onduidelijk, doordat allerlei gevestigde belangenclubs elkaar aftroeven. Daar komt bij dat beleidsmakers als de dood zijn voor het zoveelste schandaal dat onverwachts de krant haalt of uitgebreid aan de orde komt in een tv-reportage. Aan de andere kant schrikken burgers ook terug voor meer verantwoordelijkheid.

Wij zeggen: doe het anders. Minder burgerschap is geen keuze. De vrijheid die burgers in een democratie hebben, is van hen. Daarvoor hebben ze geen paternalistische overheid nodig die deze vrijheid slechts gedoogt of schijnbaar willekeurig inperkt.

Wakkere burger, neem die vrijheid, op voorwaarde dat anderen daar geen last van hebben. Wind u niet op, ga niet schelden als het u allemaal te lang duurt. Wees constructief, niet destructief. Opbouwend, niet verzuurd of wraakzuchtig. Heb geduld. Zet in op een geleidelijke verandering van de verhoudingen. Sla de brug tussen overheid en publieke achterban.

En houd vol. De Nederlandse zorg verdient het. Dan wordt deze sector de motor van structurele maatschappelijke veranderingen.

Vrijheid hoort bij een democratie zoals melk bij kaas en boter. Alex Brenninkmeijer noemt de democratie nog altijd onmisbaar om zoveel mogelijk aan een ieder recht te doen. De democratie is niet het probleem, ze is de oplossing, stelt hij. "Ze is geen hinderpaal, ze is de onmisbare steunbeer van een vreedzame samenleving."

In een democratie komt alle staatsmacht van het volk. Die bevolking is niet meer zo mak als vijftig jaar geleden. Dat kunnen machthebbers en bestuurders zich in de oren knopen.

DIT ZIT ER STRAKS VOOR U IN

Wat is de oplossing?

"Word ambassadeur van de onvolkomenheid", bepleit Philippe Pozzo di Borgo in het Duitse weekblad *Der Spiegel* (15 augustus 2015). Hij bedoelt: maak van de menselijke zwakte, ziekte en tegenslag een krachtbron. Pozzo di Borgo is de man in de rolstoel, over zijn leven is in 2011 de indrukwekkende film *Intouchables* gemaakt, die is gebaseerd op zijn biografie *Vrienden voor het leven*.
Pozzo di Borgo is een telg uit een oud en welvarend Frans adelgeslacht. Hij was zeer ambitieus en had een topbaan bij het champagnemerk Pommery. Bij een val tijdens het paragliden brak hij zijn ruggengraat, waarna hij verlamd raakte. Inmiddels zet hij zich in voor meer gemeenschapszin. Ook in zijn ogen is het individualisme doorgeschoten. Daarom keert hij zich nu tegen de ziekelijke hebzucht en mateloosheid die ook hem ooit in zijn greep had. Hij noemt het individualisme een doodlopende weg.
Zijn oplossing is een andere dan de Nederlandse overheid van bovenaf heeft bedacht. Maar ook volgens hem moeten de sterken in de samenleving nadrukkelijker opkomen voor zieken, ouderen, zwakken en mensen met een handicap. Van onderop, vrijwillig. Dan ontstaat er binding. Juist de zogenaamd zwakkeren kunnen een bewustzijnsverandering bewerkstellingen. "Zij verdienen een plek in het stadsbeeld. Anders zijn zij nooit voldoende zichtbaar."
Pozzo di Borgo weet dat het een kwestie van politieke wil is om de zwakke mens in een snel veranderende wereld aan bod te laten komen.
Wij weten dat er in de zorg vaak te lang wordt gepraat over de zwakke mens, zonder dat die daarbij betrokken is, of dat er een besluit wordt genomen waar hij iets aan heeft.
Wij weten ook dat praten, interpreteren en bedenken op een gegeven moment geen extra informatie oplevert. Dan zit er slechts één ding op: doen. Genoeg is genoeg. Maak van de achilleshiel een speerpunt. Regel het zelf.

Tot slot
aanbevelingen en tips

Wat is de essentie van dit verhaal? De toekomst van de democratie en de publieke goederen staat ter discussie. Dit uit zich in groot wantrouwen van de burger tegenover de regelgevers, de gezagdragers, de overheid en allerlei instituties. Ook het stelsel van gezondheidszorg wordt hierdoor aangetast. Om het vertrouwen van de burgers te herstellen is een andere verdeling van verantwoordelijkheden en bevoegdheden gewenst.

Ons betoog komt erop neer dat de burger uiteindelijk degene is die de zorg en de samenleving overeind houdt. Hoe? Door niet alleen voor zichzelf op te komen, maar zich voor anderen in te zetten. De oplossing ligt bij de wakkere, actieve burger die geen eenzame patiënt wil worden. Aan de slag. Anders trekt iedereen aan het kortste eind.

Aanbevelingen aan de overheid

1. Denk goed na over de eigen plek. Durf de burger te vertrouwen. Veel meer burgers zijn vrijwilliger en mantelzorger dan fraudeur in de zorg.

2. Veranderingen in het stelsel van (gezondheids)zorg dienen geleidelijk plaats te vinden. Bovendien horen ze gebaseerd te zijn op wat burgers en patiënten willen. Als er veel van de burgers wordt gevraagd, moeten die echt iets te vertellen hebben.

3. Bied de burger zeggenschap aan over de zorg. Laat burgers meepraten en meebeslissen over de aard en de regionale spreiding van het zorgaanbod. Zet in op saamhorigheid. Sluit aan bij positieve nieuwe vormen van democratie die van onderaf ontstaan, zoals de zorg-coöperaties.

4. Geef de burger zijn (gezondheids)zorg terug. Maak hem of haar mede-eigenaar.

5. Leg niet alles vast in maat en getal. Dat leidt tot verstikkende regelgeving en stilstand. Durf risico's te nemen.

6. Ga de discussie aan over de grenzen van de zorg. Wil publiekelijk praten over wat een mensenleven mag kosten. Probeer taboes te benoemen.

TOT SLOT

Tips voor burgers

1. Niets doen is geen optie. Kom uit uw luie stoel. Nu kan het. Als u patiënt bent, heeft u andere dingen aan uw hoofd. Neem uw verantwoordelijkheid. Informeer u. Denk na. Toon moed.

2. Kijk om naar anderen. Werk samen. Mopper niet, maar onderneem actie. Praat mee over de organisatie en de kwaliteitscriteria van de zorg.

3. Accepteer meer risico. Draag bij aan een oplossing, schuif de schuld niet steeds af op anderen. Zonder de actieve inzet van de burger neemt de samenhang in de samenleving niet toe.

4. Versterk de belangenorganisaties, zoals de Patiëntenfederatie Nederland (NPCF) en Zorgbelang. Gebruik die instituties om het vertrouwen tussen de partijen in de zorg te herstellen.

Verwijzingen

Zorgalfabet
Iedereen die de vele afkortingen in het Nederlandse stelsel van gezondheidszorg wil begrijpen, verwijzen wij graag naar het Zorgalfabet: *Het abc van dbc tot zbc*. Deze handzame gids voor het zorgjargon kan worden geraadpleegd via www.skipr.nl/deburgerdebaas

Bronnen
Een hele reeks bronnen die is benut bij de samenstelling van 'De burger de baas' is digitaal beschikbaar via www.skipr.nl/deburgerdebaas

Over de auteurs

Eeke van der Veen leidt onder meer de Commissie Toekomstige Zorg Zeeland. Tot voor kort was hij voorzitter van Zorgbelang. Deze landelijke belangenorganisatie gaat ervan uit dat goede zorg tot stand komt door in gesprek te gaan met de mensen om wie het echt gaat.
Eerder was Van der Veen woordvoerder volksgezondheid van de PvdA-fractie in de Tweede Kamer (2006-2012), bestuursvoorzitter van Agis Zorgverzekeringen en directeur van ziekenfonds ZAO.

Willem Wansink is schrijver en zelfstandig mediacoach. Hij schreef een reeks boeken, waaronder *Iedereen journalist* (2016), *De verborgen elite*, *Zoek het dichtbij*, *In de geest van Lohman*, *Alles is anders in de zorg* en *Zo is de zorg*. Wansink werkte jarenlang als verslaggever bij de NOS-tv en Elsevier.
Hij was politiek redacteur in Den Haag, correspondent in Bonn en Berlijn en redacteur gezondheidszorg (Beste Ziekenhuizen). Hij is medewerker van Skipr.
www.willemwansink.nl

Zakenregister

A

Acceptatieplicht 50
ACM (Autoriteit Consument & Markt) 11, 51, 76, 129
Albert Schweitzer Ziekenhuis 76
Algemene Rekenkamer 115
AMC 25, 36, 72, 143
ASR 108
Antoni van Leeuwenhoek Ziekenhuis 69
AWBZ (Algemene Wet Bijzondere Ziektekosten) 48, 49, 87, 90, 101, 102, 103, 166

B

Basispakket 12, 44, 51, 89, 99, 106, 113, 142
Basisverzekering 44, 49, 106
Bbp 89, 97, 98
Beatrixziekenhuis 76
Beleidsvrijheid 91
Bergman Clinics 61
Betaalbaarheid 12, 42, 115
Betaalplicht 54
Bevolkingsonderzoek 10
BKZ (Budgettair Kader Zorg) 104
Budgetpolis 53
Burgerinitiatieven 75, 169

C

Cardiologie Centra Nederland 67 CBS 97, 106
CEG (Centrum voor Ethiek en Gezondheidszorg) 143
CVZ 113, 114
CZ 25, 60, 108, 109
Comazuiper 14, 15
Concurrentie 43, 44, 45, 50, 66, 67, 71, 76, 100, 105, 108, 110
Consumentenbond 100, 101
Contracten 33, 48
Coöperatie 70, 133

D

Decentralisatie, 48, 90
De Groene Amsterdammer 158
Digibeten 156
DNB (De Nederlandsche Bank) 37, 51
Dokter J.H. Jansenziekenhuis 128
Domus Medica 32
Dure medicijnen 12, 14, 15, 112, 113, 114, 129, 142
DSW 60, 108

E

Eed van Hippocrates 32
E-health 72, 155, 156, 164
Eigen bijdrage 24, 86, 87, 142
Eigen risico 24, 142
Elisabeth-TweeStedenziekenhuis 71
Elsevier 27, 46, 68, 75, 179
Eno Salland 108, 109
Erasmus MC 74, 98, 113, 136
Expertisecentrum 62

F

Farmaceutische industrie 24, 31, 100, 110, 112, 114
Federatie Medisch Specialisten 28
Financiën (Ministerie van Financiën) 23, 104
Fraude 53, 103
Fusie 51, 68, 73, 75, 76, 77, 78, 120, 129, 151
Fysiotherapeut 11, 24, 31, 33, 51, 126, 135, 138

G

Gereguleerde marktwerking 44, 49, 50, 51, 107
Gezagdragers 175
Grondwet 45, 46

H

Hartstichting 34
Het Financieele Dagblad 69, 98, 109, 110, 132, 155, 163
Hersenstichting 34
Hospice 33, 145
HP/De Tijd 141
Humanitas Deventer 84

I

IGZ (Inspectie voor de Gezondheidszorg) 27, 50, 51, 71, 129
Independer 27
Indicatie, 93
Inkoopbeleid 52
Internationale vergelijking 124
IQ Healthcare 28

J

Juridisch regime 71

K

Kaiser Permanente 68
Keukentafelgesprek 89, 90, 152
Klokkenluider 74
Kwaliteitscriteria 26, 34, 177
Keuzevrijheid 9, 26, 29, 57, 90, 105, 157, 163, 166
KWF Kankerbestrijding 34, 113

L

Langdurige zorg 10, 25, 31, 45, 48, 49, 58, 83, 84, 86, 87, 88, 89, 90, 91, 101, 102, 104, 124, 147, 148, 152, 166, 167, 168, 169, 171
Ledenvergadering 71
Levenseindekliniek 17
Liberalisering 43
LUMC (Leids Universitair Medisch Centrum) 79

M

Maasstad Ziekenhuis 143
Machinekamer 12, 13
Mantelzorg, 49, 93, 152,
Marktwerking 29, 44, 45, 49, 50, 51, 54, 60, 67, 104, 107, 118, 143, 150, 161
Marktmeester 47
Marktdenken 47, 143
Martha Flora Huizen 167
Martini Klinik 71
MC Groep 69
Medisch Centrum Zuiderzee 69
Medisch Contact 10, 147
Medisch dossier 32
Medische misser 7, 65, 71, 78, 124, 127, 132, 165

Medisch specialisten 18, 25, 28, 29, 30, 31, 44, 59, 61, 67, 70, 72, 73, 74, 97, 105, 106, 113, 119, 125, 126, 127
Mensenleven 15, 74, 96, 116, 117, 139, 141,142, 176

N

Nationaal Kompas Volksgezondheid 45
Nationale Ombudsman 48, 101, 157
NBA (Nederlandse beroepsorganisatie voor accountants) 55
NHS (National Health Service) 43
NPCF (De Nederlandse Patiënten Consumenten Federatie) 28, 177
NZa (Nederlandse Zorgautoriteit) 50, 51, 52
Nieuwsuur 128
NRC 98, 99, 144, 148, 170
NVZ (Nederlandse Vereniging van Ziekenhuizen) 114

O

Obamacare 42
Ommelander Ziekenhuis Groep 75
ONVZ 108
Ouderenzorg 11, 85
Overheveling 89

P

Parkinson14, 119
Pasana 75
Patiëntenorganisaties 34, 100, 105
PGB (persoonsgebonden budget) 48, 93, 94, 102, 103, 161, 162, 163
Pil van Drion 17
Poortwachter 28
Praktijkondersteuner 28
Privaat stelsel 44
Private kliniek 33, 67
Publieke goederen 9, 175
Publieke sector 56, 168
P5COM 131, 132

Q

QALY's (Quality- adjusted life year) 15, 141, 142

R

Raad van State 46
Rabo Nederland 118
Radboudumc 28, 143
Recht op zorg 49
Rivas Zorggroep 76
Rode Kruis Ziekenhuis 69
RIVM (Rijksinstituut voor Volksgezondheid en Milieu) 9
RVZ (Raad voor Volksgezondheid en Zorg) 15, 141, 142
RV&S (Raad voor Volksgezondheid en Samenleving) 142

S

SCP (Sociaal en Cultureel Planbureau) 9, 11, 149, 150, 152, 156, 161
Second opinion 32
SEH (Spoedeisende Hulp) 76
Selectieve zorginkoop 34
Shared decision making 13, 130
Sionsberg 75
Slotervaartziekenhuis 69
Sociaal domein 47
Solidariteit 41, 90, 91, 152, 170
Solvabiliteit 109
Substitutie 77
SVB (Sociale Verzekeringsbank) 162

T

Thuiszorg 10, 11, 24, 48, 87, 92, 103, 160
Toezichthouder 12, 36, 45, 47, 50, 51, 52, 54, 55, 73, 101, 127, 128, 129, 166
Trouw 111, 143, 171
Tweede Kamer 89, 100, 104, 115, 162, 165, 179

U

UMC Groningen 75
Universiteit Tilburg 100

V

Vergelijkingssites 27
VGZ 60, 108
Vilans 167, 171
Volkskrant 48, 53, 55, 87, 88, 100
Voorziening 49, 89, 103, 106, 108

Vrije artsenkeuze 60, 129, 161, 162, 163
VUmc (Vrije Universiteit medisch centrum) 62, 72, 78
VWS (Ministerie van Volksgezondheid, Welzijn en Sport) 23, 45, 69, 78, 88, 94, 103, 104, 107, 109, 115, 161, 170

W

Wachtlijsten 107
Wetgeving 32, 47, 48, 53
Wlz (Wet langdurige zorg) 48, 87, 166
Wmg (Wet marktordening gezondheidszorg) 48, 50, 104
Wmo (Wet maatschappelijke ondersteuning) 48, 49
Wmo 2015 48, 87
WRR (Wetenschappelijke Raad voor het Regeringsbeleid) 56, 57
Wijkteam 90, 116
Wijkverpleegkundige 37, 90, 106, 167
Wijkzorg 90
Winstuitkering 69
WZH 84

Z

Zbc (Zelfstandig behandelcentrum) 67, 178
Zeggenschap 21, 23, 151, 161, 171, 176
Ziekenfonds 43, 44, 70, 75 , 179
Ziekenfondswet 49
Zilveren Kruis 27, 60, 108
ZIN (Zorginstituut Nederland) 51
Zorgakkoord 105, 109
ZN (Zorgverzekeraars Nederland) 60, 100
Zorgaanbod 23, 176
Zorgbelang 4, 26, 177, 179
Zorgcoöperatie 133, 150, 171
Zorginkoop 34, 52
zorgkaartnederland.nl 27
Zorgkantoor 49, 93, 103
Zorgkosten 33, 106, 115
Zorgpremie 22, 23, 24, 56, 63
Zorgrevolutie 163
Zorgverzekering 12, 14, 22, 90, 113, 179
Zorgverzekeringswet 34, 44, 45, 48, 49, 50, 87, 90, 104, 152, 161
Zorgwijzer 27
Zzp 92

Personenregister

A
Hein Abeln 128
Paul Arakelian 131
Albert Arp 69

B
Jan Peter Balkenende 159
Kenneth Blanchard 169
Baron van Münchhausen 133
Bart Berden 71
Hanneke Beijer 128
Bas Bloem 14, 119, 120
Ronald van den Boogaardt 79
Harry Borghouts 128
Alex Brenninkmeijer 157, 172

C
Marc Chavannes 98, 99, 101
Hans Clevers 61

D
Sander van Deventer 111
Piet Hein Donner 46
J.A.A. van Doorn 158
Marcel Driessen 61

F
Pim Fortuyn 107, 151

G
Atul Gawande 127, 145
Armand Girbes 111

H
Thomas Hobbes 41
Hans Hoogervorst 34
Machteld Huber 10

J
Spencer Johnson 169

K
Bert Keizer 145, 146
Wim Kok 47
Jan Kremer 143
Ernst Kuipers 113
Caren Kunst-de Wit 92, 93

L
Tony Lamping 100
Hanke Lange 128
Jos van der Lans 171
Marcel Levi 143
Paul Lohman 36

M
Jaap Maljers 61
Pauline Meurs 56, 57, 141
Frank Meijer 136
Rikkert Meijer 136

N
Henk Nies 167

O
Chris Oomen 60
Ben Oude Nijhuis 85

P
Plautus 41
Fred Plukker 72, 75
Philippe Pozzo di Borgo 173
Kim Putters 149, 152, 156

R
Emile Roemer 161
Jan Rotmans 168
Mark Rutte 159
Martin van Rijn 84, 85, 162

S

Michel van Schaik 118
Huub Schellekens 110, 114
Edith Schippers 135
Joseph Schumpeter 167
Gea Sijpkes 84
Sheila Sitalsing 48

T

Marius Touwen 69

V

Carlijne Vos 88
Eric Vrijsen 46

W

Steven de Waal 88
Rudi Westendorp 147
Anton Westerlaken 143
Huub Wieleman 55
broers De Witt 164
Loek Winter 61, 69

Z

Reinier van Zutphen 48, 162

MIX
Papier aus verantwortungsvollen Quellen
Paper from responsible sources
FSC® C105338

If you have any concerns about our products,
you can contact us on
ProductSafety@springernature.com

In case Publisher is established outside the EU,
the EU authorized representative is:
**Springer Nature Customer Service Center GmbH
Europaplatz 3, 69115 Heidelberg, Germany**

Printed by Libri Plureos GmbH
in Hamburg, Germany